JN062719

スポーツ運動学・現象学 講座1

〈わざの狂い〉を超えて

金子一秀・山口一郎 編著

明 和 出 版

〈わざの狂い〉を超えて・目次

前書きに寄せて

現象学と運動学を繋ぐ動感システム

金子明友

〈はじめに〉

　本書に収められた『〈わざの狂い〉を超えて』という対談原稿は，去る2017年の師走も半ばになって，山口一郎先生のご要望から話し合いをもったときの記録です。それを理解しやすいように何回も校正を交換し合った末にまとまった原稿なのです。実は，その年の6月に開催された私たちの運動伝承研究会で現象学者の山口先生の貴重な講演を拝聴することができました。長い間，山口先生の発生的現象学に関する多くの著書に接して，私たちのスポーツ運動学の学問的基礎づけとなるフッサール現象学の運動感覚システム論に大きな関心を抱いておりました。日頃スポーツの実践指導に当たっている諸先生たちにとっても，その研究会における山口先生の動感システムのご講演は日常的な例証によって即座に納得できる話振りに感動すること頻りでした。加えて，その先駆けとして講演された体操の金メダリスト加藤澤男先生の奇妙な感性的経験の話を即座に援用して，運動感覚システムの重大さを説き明かしてしまうような見事な基調講演だったのです。

　私たちの運動伝承研究会では，このようにしてにわかに本格的な現象学者の先生方との交流が蜜になり始めました。いうまでもなく，その前年の運動伝承研究会 (2016) に山口先生の直弟子に当たる東京女子体育大学の武藤伸司先生が私たちの発生運動学のために「発生現象学の現在」と題した講義をしていただいたのです。その翌年には世界的な現象学者である山口先生にお願いして，運動学の核心をなす「運動感覚をめぐる現象学」と題した基調講

演が実現する運びになりました。それは伝承誌の編集主幹である金子一秀先生が以前からご指導を受けていた誼みに甘えての交渉が成立したからです。同時に，私たち運動伝承研究会の副会長でもある金メダリストの加藤澤男先生に「私のキネステーゼ感覚世界」と題した貴重な講演も実現したのです。その両先生の講演の口述記録とともに，その講演時の配付資料も伝承誌に収められています。その意味で，機関誌「伝承 17 号」には私たちの運動感覚システム研究の貴重な資料が残ることになり，発生的運動学に関心をもつ研究者にとっては貴重なものになりました。このような経緯を経て，フッサール現象学の中核をなす発生論の「運動感覚をめぐる現象学」の山口先生のご講演内容と金メダリスト加藤先生による奇妙な〈感性的経験〉の講演内容が多くの研究者たちの関心事になり始めたのです。それはフッサール現象学とマイネル運動学との間に一種の〈共同化〉[*Vergemeinschaftung*] が表面化してきました。しかも編集主幹の金子先生自身がこのところ〈動感消滅〉の発生分析に打ち込んでいるのはその伝承誌（15 号，16 号，17 号）からも知ることができます。その問題意識がスポーツ界で頻りに取り沙汰される〈イップス〉現象を超越論的構成分析として取り上げていることが編集や会の運営に連動しているのかもしれません。

　とりわけわが国のスポーツ科学界は，コツとカンの一元化した〈感性的経験〉［フッサール危機書 (文庫):§9-a 参照］の超越論的本質分析が単なる主観的な印象記述として，その客観妥当性の欠損を揶揄されること頻りなのです。ところが，私たちの運動伝承研究会は〈イップス〉的な動感消滅の本質記述学的分析こそフッサール発生現象学に基礎づけを求めうると断じて，編集主幹自らが頑なに〈動感消滅〉の現象に立ち向かっていることになります。〈イップス〉現象が生じれば，メンタルトレーニングか体力かにその解決を求める二元論的運動学が科学的運動分析とするのは一般的なことです。しかし私たちの発生運動学は，フッサールのいう〈理論的実践〉の一元的なドクサ的経験世界にその〈動く感じ〉の創発基盤を求めているのです。私たちのスポーツにおける運動感覚システムの感性的経験分析が現象学の〈超越論的経験〉［危機書 :§42］の本質記述学的分析として主題化されていけば，フッサール現象学とマイネル運動学の共同化が確固たるものになるからです。このようにして，私たちの運動伝承研究会がフッサール現象学の運動感覚システ

ムという超越論的経験分析の学的基盤のなかに，運動文化の〈伝承〉という私たちの研究会の独自性が姿を見せることを願うこと頻りなのです。

〈記述学と事実学との裂け目〉

　しかしながら，現象学と運動学の共同化に関わる本書の対談記録をよく理解するためには，とりわけ，戦後のスポーツ科学界における実証主義的科学化の実情を理解しておく必要があるようです。そのためには，〈運動学〉というときの〈運動〉概念が極めて多義性をもっていることをまず確認しておく必要があります。私たちは一般に，健康や楽しみのために身体を動かすことを「運動する」といいます。近年の健康意識の高揚に伴って，生理学的〈運動処方〉という表現もよく耳にします。つまり，人が歩くという有意味な行為やそのときの物理的な位置移動が背景に沈んで，その歩行形式がもっぱら健康や体力向上の手段としてつまり〈エクササイズ〉として利用されているのです。このような運動とは，いうまでもなく〈動きかた〉という発生運動学の概念と関係はあっても，その〈動く感じ〉の意味や価値は生じてきませんから，エクササイズという運動概念をまずもって区別しておくことが大切になります。戦後，アメリカに大きく影響されたわが国の体育事情も，もっぱら健康や体つくり，あるいは美容のためのエクササイズがブームとなり，運動といえば，エクササイズと同義と理解されるこの頃なのです。こうして，運動としての生理学的方法論との関わりにも注意を払う必要も生じてきます。因みに，わが国の〈運動学〉という表現の理解に混乱を招き入れたのは，戦前におけるドイツやオーストリーの "*Übungslehre*"，つまりエクササイズ方法論を〈運動学〉と訳したからといわれています［岸野雄三『序説運動学』6頁，1968，大修館書店］。しかし現在のドイツ語圏では，その "*Übungslehre*" の表記は使われずに，〈スポーツ方法学 [*Sportmethodik bzw. Trainingslehre*]〉と呼ばれるのが一般です。さらに，客観的な〈動きそれ自体〉を主題化するバイオメカニクスやサイバネティクスなどの科学的運動学としての〈事実学〉［危機書:§2参照］と，内在知覚に捉えられる〈動く感じ〉の本質を純粋記述する現象学的運動学としての〈本質学〉［危機書:§36参照］とは厳密に区別されなければなりません。

　そのためには，まずスポーツ領域に内在する〈動く感じ〉の身体能力を開

示する〈本質直観〉の基本概念を的確に理解しておかなければなりません。それはフッサール発生現象学の基本概念の一つであり、わが身にありありと捉えられる始源的な〈原直観〉の地平志向性［フッサール：経験と判断 107 頁参照］を起点としていることは周知の通りです。それはすでに、私たちの運動感性学^{キネステジオロギー}の身体発生基盤に位置づけられてはいますが、これまで自然科学的運動学、つまりバイオメカニクスやサイバネティクスに慣れ親しんできた私たちには、その〈記述学〉とか〈本質直観〉などという基本概念の理解がうまく進まないことが多いのです。ですから、感性的経験［危機書（文庫）, §9-a, 51 頁参照］の意識分析とか、〈動く感じ〉の反省分析などというと、単なる感覚印象や自己意識を反省したところで、生身の身体^{ケルパー}が現実に動けるようになるはずもないと、つい〈科学的思考〉［la pensée de science: メルロ＝ポンティ：『眼と精神』, 255 頁］が急浮上してしまうのです。それよりも、物理学的な因果法則を知り、生理学的トレーニングによって合理的に体力をつけるのが先決だとつい断じたくなるのです。発生運動学の〈超越論的反省〉でどんなに厳密に本質分析をしたところで、万人に通じる身体運動の客観法則が開示できるわけはないとして、そこで〈自然法則〉と〈本質法則〉の二者択一になってしまうのです。それどころか、コツとかカンという非科学的な単なる感覚経験、いわば単なる経験的な思い込みの主観的反省によって必然的な本質妥当性に至るというのは単なる哲学的詭弁でしかないと唾棄するのが一般です。ところが、その〈動く感じ〉^{キネステーゼ}を実現するのは、私自らの生き生きした自己運動そのものであり、わが身をどんな感じで動かすかは、結局のところ、動こうとする私の固有領域に機能する現実態の〈身体知能〉^{エネルゲイア}に依存する以外に道はないことを思い知らされるばかりなのです。

　ここにおいて、私たちは「経験する個人的な直観は本質直観に向けて、その理念を直観する働きへと転化させうる」というフッサールの指摘［Hua. III.§3, S.10, 邦訳：イデーン I‐I, 第 3 節, 64 頁］を見逃すわけにはいかなくなるのです。そこには、現象学的意識分析の基柢を支えている〈本質直観〉の厳密な方法論がその前提に求められてくるのはいうまでもありません。私たちのスポーツ運動学がその学問的基礎づけをフッサール発生的現象学の〈形相的形態学 [eidetische Morphologie]〉［Hua.III.§145, S.302 邦訳：イデーン I‐II, 第 145 節, 310 頁］に求めているのはいうまでもありません。つまり、自然科学

的な運動学という〈事実学〉の対極に位置づけられているのが発生的現象学の〈本質学〉なのです。それが〈絶対主観性〉の自己運動を起点としているのはもう言を重ねる必要はないでしょう。いずれにしても，スポーツの発生的運動学は，キネステーゼ身体能力の〈本質必然性〉と〈本質可能性〉を追求する記述学として，その自己運動における意味発生の「形態充実」[Hua. VI, §9-b) S. 28, 邦訳危機書：第 9 節 -b，原注 83 頁] を純粋記述し，その〈本質観取〉を目指すところにしか本質直観に通じる道は拓かれていないのです。そこには，意味発生に関わる可能態の身体能力の志向性分析が取り上げられることになります。その生命ある存在の自己運動こそがその世界内存在の普遍的運動基盤 [Landgrebe, L.:1976, S.147] に据えられ，外部視点からの物的身体の位置移動という物理的運動は分析対象から除外されることになるのです。だから〈動きかた〉に潜むコツとカンという〈同時変換作用〉の働く一元化意味核が志向対象として取り上げられ，その志向対象を意味づけする〈構成化〉の様相変動が厳密な記述学として分析されるのです。そこには，選手や生徒たちの実践可能性に共鳴化できる〈新しい道しるべ〉が拓かれ，その道標に即して，そのつど新しいキネステーゼ感覚質が〈身体化〉され，習得されていくことになります。そのためには，どうしても自らの内在的な身体経験のなかに原的な〈意味づけ〉を可能にする本質直観への〈道しるべ〉の開示こそが喫緊の課題になるのはこの意味においてなのです。

　ところが私たちはこれまで，外部視点から科学的に身体運動を映像化し，そこに自然法則の客観メカニズムを開示しようとしてきました。ところが，その科学的な運動メカニズムが分かっても，新しい〈動きかた〉を覚えようとする生徒や選手たちにとっては，どんな〈動く感じ〉で動けばよいのか見当も付きません。その時の〈身体感覚〉それ自体は本人の〈身体知〉の問題であり，その〈道しるべ〉は数世紀前から芸道として〈自得すべきこと〉として伝承され，師匠もその〈動く感じ〉に立ち入るのは邪道と言い伝えられているのです。わが国古来の芸道では，師匠はそのコツやカンの一元化意味核を知悉していても口にしません。ところが，現代のコーチはその〈動く感じ〉は非科学的なことだから，その科学的法則をまず開示しようとします。いわば，その〈動く感じ〉そのものの内実は不問に付されてしまうのです。たといそのコツとカンの一元化〈意味核〉を身体化していても，言葉で表現する

ことはできないことが多いのです。これでは，貴重な運動感覚システムの内
実は伝承のレベルに入っていきません。近年のコーチや選手のプロ化が進ん
でいますから，その貴重な〈運動感覚システム〉の意味核はパテント化して，
運動文化伝承はますます難しくなってきている昨今です。その指導者の本来
的な役割はすべて，学習する選手や生徒たちに丸投げされたままとなってい
るのです。

　ここにおいて，運動伝承の核心をなす〈運動感覚システム〉それ自体を記
述学として開示するにはどうするのかが前景に浮上してきます。そこでは，
わが身の〈動感形態化〉のなかで〈再生志向化〉[reproduzieren] していくには，
自我身体に秘められている不可疑的な〈原直観〉に回帰するしか道はないの
です。その原現在に潜むコツとカンが同時変換する統一態の〈本質普遍性〉
に向き合い，私自身の〈意味核〉を新たに身体化 [einverleiben] する気概をど
うしても生化しなければならないのです。そのためには，自らのキネステー
ゼ時間流の原発生地平に，過去把持の今統握を捉え，同時に〈流れ来る時間
流〉[ein entströmendes Zeitstrom] をありありと予感しながら，未来の〈動感メ
ロディー〉を私の身体感覚のなかに奏でるしか道はありません。いずれにし
ても，意識流の立ち止まる〈今統握〉をノエシス契機として，未来地平に立
ち入って，生ける価値感覚の本質をわが身で〈直観化綜合〉していかなけれ
ばならないのです。私たちはここにおいて，改めて高次の本質直観分析を通
して，不退転の〈キネステーゼ感覚確信〉を獲得する道に多くの生ける道標
を自ら立てる気概を奮い起こさなければなりません。しかしここでは，その
気概をわれわれに生化させてくれるのかどうかを確認しておくだけで十分で
しょう。

〈運動感覚という表現に潜む両義性〉

　これまで私たちは〈運動感覚システム〉の重大性を確認してきましたが，
この〈運動感覚〉という表現そのものにも多くの両義性が潜んでいますから，
ここで改めて確認しておきたいと思います。〈運動感覚〉に関する筋生理学
的な研究は，クラッティによると，1741 年にはすでに筋紡錘が発見されて
います。さらに空間知覚領域における運動感覚の役割が開示され，「筋肉器
官は空間の広がり知覚を可能にする特殊な感覚器を形成する」[Cratty, B. J.:

Movement Behavior and Moter Learning, 3.ed. 1973] ことになります。しかし，空間知覚領域における運動感覚の役割が実際に連合心理学として明確になってくるのは，やはり 19 世紀後半まで待たなければなりません。筋生理学が急速に発達した 19 世紀後半には，1876 年には〈筋紡錘〉や〈腱紡錘〉における受容器の働きが明らかになり，運動感覚がより要素主義的に分析されるようになります。しかし，これらの〈筋感覚〉に始まる感覚生理学ないし連合心理学的な運動感覚の分析研究は，全身に及ぶ〈体性感覚〉[*somatische Empfindungen*] として研究が進められる方向に傾斜していくことになります。しかし，この〈個別感覚〉[*aisthētà ideà*] からその因果的に連合化を捉える運動感覚論は，何といっても物理学者マッハの『運動感覚論』(1875) の理論を抜きに考えることはできないようです。フッサールが現象学的な〈キネステーゼ感覚論〉を立ち上げる切っ掛けがマッハの一連の〈運動感覚論〉[*1875~1911(6. Aufl.)*] にあることは，1907 年夏学期のフッサール講義録からもうかがい知ることができるのはいうまでもありません。

　ウィーン大学のマッハ教授は，その著『運動感覚論概要』[*Grundlinien der Lehre von den Bewegungsempfindungen 1875*] の冒頭に運動感覚の意味内容を次のように述べています。すなわち「この特徴的な感覚は，われわれの能動的ないし受動的な身体運動に伴って生じ，その運動に関わる感覚とその広がりを捉えるために使われるが，その皮相的観察から脱し切れてはいない」とマッハは主張します。因みに，マッハがそこでいう「受動的」はフッサールの受動的志向性ではなく，「動かされる」という受け身の理解であることはいうまでもありません。それ故にこそ，マッハはこの「運動感覚の源泉」を探し求めて，身体運動と運動感覚との依存関係を明らかにするのが本論文の課題と宣言するのです。そこから読み取れることは，位置移動する身体運動によって，その運動中の感覚与件がわれわれの身体にどのように生じるのかを観察しようとします。つまりそこでは，物理的自然領域における身体運動に伴う「位置移動の感覚与件」が主題化されているのです。物理学者マッハが運動感覚の源泉を探し求めるとはいっても，フッサールが〈身体的自己運動〉[*leibliches Sichbewegen*] に触発される価値覚の働く〈感覚質〉の発生源を追求する道ではありません。マッハの〈運動感覚〉とフッサールの〈動感感覚〉との決定的な差異性がそこに見出されるからです。マッハは連合心理学の感

覚生理学的な問題として「われわれの身体運動はつねに一つの〈力学的事象〉である」と断じ，そこに「特別な運動感覚が存在するとすれば，その運動感覚の究極的起源は，どんな場合でも力学的事象のなかに存在する」[Mach, E.: dito, S.6, Leipzig 1875] と断じて，身体運動はその物理学の立場からすべてを闡明にすることができると断じます。

　こうして，マッハ教授は運動感覚を物理学的に位置移動する身体運動の感覚与件として捉えているのです。その直進運動で感覚されるのは〈加速度〉だけであり，等速運動の場合には運動感覚が生じないと断じます。同様にして，長体軸の回転運動でも〈角加速度運動〉のときに運動感覚が付与されると報告します。しかも，マッハは連合心理学の運動感覚分析に対して，「感覚質を感覚事象のなかで心理学的に区別しうるためには，それだけ多くの異なった物理学的過程を受け容れなければならない」[Mach, E.: dito, S.63, Leipzig 1875] と結論し，物理学者として，より精密な物理学的分析の不可欠さを要求します。このような運動感覚の感覚生理学的なマッハの実験研究は，その10年後に上梓された『感覚分析』[Beiträge zur Analyse der Empfindungen, 1885] に結実していきます。とりわけ「空間感覚の更なる研究」の章では，運動感覚に関する膨大な研究が追加されます。その結論として「場所の移動の際に立ち現れる一切の空間感覚と運動感覚とを単一感覚の性質に還元する試みが正当であることが明らかになった」[Mach, E.: 1886 S.75] と結論するに至ります。

　しかしマッハ教授の感覚分析論は，改訂を重ねるたびごとに，感覚という要素は単一感覚質 [eine Empfindungsqualität] に還元できるという，いわゆる〈要素一元論〉へと収斂されていきます。このマッハの感覚論では，感覚分析の学的基礎づけも同時にその思索が深められ，感覚分析が物理学と連合心理学に分断される二元論の立場を否定し，感覚要素一元論を主張するのはこの意味においてです。感覚分析の如何なる対象も，物理学的，かつ心理学的であり，その物理的なものと心理的なものとの間には何らの断層も存在しないといって，そこに機能的［関数］関係をいわば〈中性的要素〉を捉えようとします。もしこの感覚という要素が二元的に対立して異質なものであれば，如何に生理学的に分析をしても一向に一つの感覚質の心理学的分析に達することはできないと断じます。ところが，感覚生理学や連合心理学的な運動感

覚分析は，精密な定量分析にもっぱら傾斜し，いわば脳脊髄神経システム
[*Cerebrospinales Nervensystem*] の知覚と運動に関わる〈体性感覚分析〉として，
全身に及ぶこの深部感覚［筋紡錘，腱紡錘，関節嚢，三半規管の平衡感覚］，皮
膚感覚［触覚，痛覚，圧覚，温覚，冷覚］は視覚や聴覚などとの分節化や中心
化作用に関わる運動感覚として，精密科学的に分析されていくことになりま
す。

　しかし，私たちの生活世界の〈身体運動〉[*leibliches Sich-bewegen*] は，精密
科学的な因果決定論では説明のつかない多くの奇妙な出来事として次々と
展開されていきます。その要素主義的な運動感覚分析の批判の詳細はヴァ
イツゼッカーの『ゲシュタルとクライス』の記述 [*Weizsäcker, V.v.: Gestaltkreis,
S.128ff./ S.175ff. 1997* 邦訳 :128 頁以降，特に 119 頁以降]に譲らざるをえません。
その一例だけを挙げれば，「問題となるのは，各種多様な感覚器の達成能力
が一部は動きかたや行為に，一部は固有な知的認識に密接に関わっているか
ら」であり，「とりわけ重量覚，圧感覚，力感覚，体位感覚，運動感覚，位
置感覚などは，あらゆる身体運動に，とりわけ手仕事の動きや移動運動に有
意味に絡み合う」[*Weizsäcker, V.v.: Gestaltkreis, ibid. S.177* 邦訳 :121 頁]からに他
ならないと述べています。とりわけ日常的な〈歩きかた〉にしても，ピアノ
演奏は言うに及ばず，私たちの競技スポーツの驚異的な身体知能の〈原発生
地平〉は，要素主義的な感覚生理学や連合心理学による科学的分析によって
は開示不可能であると例証付きで次々と明るみに取り出されているのです。

　フッサールは『イデーンⅠ-Ⅰ』の当初 [*1913, Hua. III. § 40*]から，ロックの
感覚論を拒否し，感覚生理学的な要素主義的分析論を排除しています。その
後の多くの実践的研究に支えられて，新しい視座に立つ超越論的感覚質とし
て脚光を浴びることになります。そこには，感覚生理学の要素主義的理論が
ヴァイツゼッカーたちの精神病理学者やボイテンデイクらの人間学的生理学
者たちによって厳しく批判され，そこに新しい発生論的現象学的分析を生み
出していく端緒が作り出されていきます。それらの現象学的な感覚質分析論
はドイツの神経生理学者ヴァイツゼッカーによって新しい『ゲシュタルトク
ライス』(1940) としてシステム化され，さらに医学的人間学として『パトゾ
フィー』(1956) に結実していきます。さらにオランダの心理学者ボイテンデ
イクが生理学的分析と心理学的分析の架橋を企図した『人間の姿勢と運動の

一般理論』[*Buytendijk, F.J.J.:1948 / Deutsche Ausgabe 1956*] という現象学的運動学に多くの実践可能性を開示し，それはやがてボイテンデイクの遺著『人間学的生理学序説 [*Prolegomena einer anthropologischen Physiologie*]』[*Buytendijk, F.J.J.: 1967, Salzburg*] へと結実していくことは周知の通りです。このヴァイツゼッカーやボイテンデイクの形相的形態学こそがマイネル教授の〈スポーツ運動学〉の暗黙的基盤になっていることに言を重ねる必要はありません。

〈マイネル『運動学』に掩蔽された運動感覚（キネステーゼ）〉

　キネステーゼ感覚の受動発生の志向性分析には，感性的経験の超越論的反省分析が不可欠であるというフッサールの指摘は，日常的に外部視点から運動観察するのに慣れている私たちには急には納得しにくいところがあります。ところがスポーツ実践現場では，自らの〈動く感じ（キネステーゼ）〉を内在経験として確認してなければ何一つキネステーゼ感覚質の修正指導は進みません。しかしスポーツ科学的運動分析の手続きは私たちにすっかり日常化していて，人が動くのを物的身体の位置移動として外部視点から観察するのに何の違和感もなくなっています。そのことをフッサールは，身体運動を位置移動として〈対象化〉し，それを数学的時空間のなかで計測するのを〈実在的出来事〉として誰も疑いを差し挟まない〈自然的態度〉[*Hua.III. §39, S.79f.* 邦訳：『イデーンⅠ‐Ⅰ』，第39節，170頁] になっていると批判します。ですから，マイネル教授が主張した〈自己運動の観察分析〉と〈他者運動の自己観察〉という形態学的（モルフォロギー）運動分析がわが国に初めて紹介されたときには，まさに賛否両論が拮抗した様相を呈しました。現場で実践的指導をしている教師たちは自らの〈動く感じ（キネステーゼ）〉を自己観察するというマイネル教授の新しい形態学的（モルフォロギー）分析を熱狂的に支持したのです。ところが，科学的運動分析を研究している教授たちは，その身体感覚の反省記述には何らの客観妥当性も認められないと批判し，その二者択一的な議論対立は現在に至るまで尾を引いているほどなのです。もちろん，終戦直後にアメリカから導入された運動学的（キネシオロジー）分析，とりわけ新しい横断科学的な方法論に基づいたその正当性の主張は強固なものでした。その運動分析の精密さを保証するためには，選手たちの眼にも止まらない素早い動作でも，その運動経過を客観化するために，物的身体の位置移動に限定して超高速の映像分析で開示していきます。その場合，アスリート自

身の身体感覚の微妙な様相化や意識時間流が分析射程から外されてしまいました。仮に選手たちの感覚与件の様相化プロセスを生理学的に精密に分析しても、それはアスリートのコツとカンの〈動感身体発生〉に何一つ通底するはずもありません。だから、マイネル教授のいう〈自己運動の観察分析〉という〈感性的経験〉の反省記述は、いわば客観的な科学的分析から外れた単なる主観的な感覚記述に過ぎないと批判されること頻りだったのです。ところが、マイネルが意図した形態学的分析は内容的には形相的形態学分析であり、その〈形態学的漠然性 morphologische Vagheit〉［Hua.III. §74, S.155 邦訳：『イデーンⅠ‐Ⅱ』、第74節、35頁］が何らの〈学問的汚点〉ではないと断じるフッサールの指摘が理解されていないだけなのです。マイネルの主張した〈自己観察〉という超越論的反省の記述学は必然的に精密科学ではないから、その意味ではまさに非科学的それ自体に他なりません。このような論点の喰い違いによる不毛な二者択一の議論が今でも続いているのは遺憾としかいいようがありません。そこには、学問論としての厳密な本質記述学的分析が欠落しているのは論じるまでもないことです。

　確かに、マイネル教授自身もその遺著(1960)のなかで、自己観察の主観的な運動分析法がその学問的信頼性に一抹の不安があるとは述べてはいても、マイネルのモルフォロギー分析の基柢に据えられているその主張は、その遺著『運動学』(1960)で知覚と運動の一元論を説くヴァイツゼッカーや運動現象学を唱道するボイテンデイクの著作を援用して、そのモルフォロギー分析が〈漠然性〉を本質とするゲーテの〈モルフォロギー〉、さらにはフッサールの〈形相的モルフォロギー eidetische Morphologie〉［Hua, III. S.302f. 邦訳：『イデーンⅠ‐Ⅱ』310頁］を暗黙のうちに射程に入れているのです。例えば、マイネルはそのカテゴリー分析に言及するときにも、そのカテゴリー的思考に関しては「つねに感覚的素材から、われわれの諸感覚を通して与えられる動く感覚、動く知覚、動く表象から出発しなければならない」と指摘します。とりわけ〈運動モルフォロギー〉の方法論としては、パヴロフ派の生理学的運動感覚ないし筋肉覚を取り上げる一方で、運動知覚や運動感情ないし運動表象などの主観的な感性的経験は客観性に欠けるとしても、動きつつある感じの自己観察には不可欠な内容を捉えることができると断じているのです［Meinel, K.: Bewegungslehre, 1960, S.121 邦訳：『スポーツ運動学』123頁参照］。し

かし，当時のマイネル教授の時代におけるイデオロギー強制は，むしろ本書の対話記録のなかにその時代背景とともに開示されていくことになります。

とはいっても，その当時の東西イデオロギー緊張の世界情勢の最中では，その論証が如何に困難であるかは容易に推察できることではあります。マイネルは必ずいつも実践運動学を標榜していましたから，その実践可能性を追求するキネステーゼ身体発生の指導現場では，それが最も効果的な分析方法であることを確信していたのです。しかも，マイネルの自己観察分析はわが国古来の技芸伝承の世界に受け継がれてきた芸道の方法論に通底し，軌を一にしていることは多言を要しません。ですから，戦後にアメリカから上陸してきたキネシオロジーという科学的運動分析とはまったく異質なマイネル教授の形態学分析が競技スポーツの現場から熱狂的に歓迎されたのはこの意味において首肯できると思われます。

〈フッサールのキネステーゼ感覚〉

ところが，このフッサールによる独創的な〈キネステーゼ感覚〉という新しい問題意識にかかわらず，いざスポーツ領域でこの新しい動感感覚質のシステム分析に入ると，どうしても科学的な運動分析の影を引いてしまうことが少なくないのです。だから，フッサールのキネステーゼという外来語の意味をそのまま端的に〈運動感覚〉と訳すと，すでに述べたマッハの運動感覚論にすり替わってしまい，因果法則的な〈体性感覚〉と誤解されてしまうことも珍しくないのです。ここではっきりとフッサールの造語による〈キネステーゼ感覚〉ないし〈動感感覚質〉の意味内実を確認しておかなければなりません。〈キネステーゼ Kinästhese〉というドイツ語をそのギリシャ語の語源として〈運動感覚〉と訳すと，フッサールのいう〈キネステーゼ感覚〉は〈運動感覚・感覚〉と奇妙な表現になってしまうのです。だからといって，反復される〈感覚〉を略すと〈運動感覚〉となって，再びマッハの物理学的概念に逆戻りすることになります。そこでは，フッサールの超越論的〈感覚質〉という肝心な意味核は消えてしまうのです。しかも，スポーツ運動学で分析対象になる身体運動は，外部視点から対象化された物体的身体の位置移動として計測することはありません。実存する主観身体の〈動く感じ〉いわば〈動きつつある感じ〉は，私の身体のなかに棲み込んでいるのです。それ

を運動基盤として，はじめて〈間身体〉として〈共感できる *komprehensibel*〉
動感世界が成立することになります。それどころか，ボールや竹刀などの
用具それ自体にもその〈動く感じ〉が移り住むことができるのです。こう
して，フッサールが〈キネステーゼ感覚〉というときの感覚は動感意識の
〈感覚質〉，つまり〈キネステーゼ感覚質〉［意味システムや価値システムをも
つ動きつつある感覚や感情］が主題化されてくることを見逃してはなりませ
ん。拙著『スポーツ運動学』(2009) でも〈動感質法則〉(268~270 頁) として，
つまり身体運動の高次元の動感意識の感覚質を約言した〈動感質〉として，
その用語がすでに取り上げられています。いわば，動きの〈安定感〉，〈リズ
ム感〉やわざが極まるときの〈冴え〉の美意識など，洗練化層位における高
次元のキネステーゼ感覚質がすでに本質直観分析の対象に取り上げられるこ
とになります。

　フッサールは 1907 年の夏学期における講義「物と空間」において，その
第IV編で「知覚対象にとってのキネステーゼシステムの重要性」を掲げ，そ
の冒頭に 8 章として「キネステーゼの現象学的概念」［§44~§47］を開示して
いるのはよく知られています。そこでは，連合心理学的な〈運動感覚〉か
ら区別するために，わざわざギリシャ語に基づいて，その運動感覚を〈キ
ネステーゼ〉[*Hua.XVI. S.161*] と言い直して，さらに〈キネステーゼ感覚
kinästhetische Empfindungen〉という奇妙な用語を使い始めたことを理解してお
くことが大切になってくるのです。さらに立ち入った内容は，ここではさら
に解説を続ける必要はないと思われます。それは対談記録でも，その具体的
な事情と共にいろいろな形で話題に取り上げられているからです。

■〈運動感覚と時間〉山口一郎先生の論考解説

　さらに本書には，競技スポーツ実践における「運動感覚と時間」という現
象学的分析をどのように具体的な例証によって解説するかという注目される
山口先生の素晴らしい論考が掲載されています。その第一部の論考は外部視
点から計測された〈客観的時間〉と動く本人が感じ分けられる〈主観的時間〉
という二つの〈時間〉の本質的な違いが多くの例証を介して丁寧に説明され
ています。しかもその違いの本質記述学的明証性は，山口先生が得意とされ
る日常生活の出来事だけでなく，神経現象学の厳密な例証も詳述されていま

す。それどころか，私たちのスポーツ領域における発生的運動学の立場から，まさに正鵠を射た事例が次々と呈示されていきます。しかも，そのスポーツの事例も判定競技の球技や評定競技のシンクロナイズドスイミング［2018年に「アーティスティックスイミング」に改称］にまで及んでいます。発生運動学の本質記述学的な刮目の例証が次々に開示さていくのは私たちの個別の競技運動学の立ち後れを感じさせるに十分です。これを機に，三段跳び運動学やマラソン運動学あるいは競泳のメドレー運動学など測定競技のそれぞれの独自な運動感性学的（キネステジオロジー）分析が触発されることを願うこと頻りです。

　しかしながら，私たちの競技運動学においては，この精密な測定時間のみが唯一の公平な勝敗決定の決め手と断じて，次々に客観的時間差や空間量の測定化に傾斜しているのが現実です。それどころか，もっとも動感感覚質の優劣が勝敗決定の決め手になる体操競技のような評定競技（ひょうてい）にも科学技術（テクノロジー）システムが入り込んでくるような気配さえ生まれ始めているようです。まして陸上競技や競泳では選手達の主観的時間はまったく無視された1,000分の1秒の測定値に束縛され，選手達の感性的経験世界はまったく排除したままでよいのでしょうか。この山口先生の測定化される客観的時間と感じ分けられる主観的時間の論考は多くの貴重な示唆を開示していることを見逃してはなりません。競技スポーツ領域の発生的運動学の研究者の方々はこの論考を一行ごとにしっかり読み込んで，新しい運動感性学的（キネステジオロジー）分析に入っていただきたいと思っています。

　後半の第二部では，半世紀以上前の老生の思い出話の対談記録から事例を取り上げています。その奇妙な運動感覚（キネステーゼ）システムの出来事に対して山口先生の貴重な指摘がなされています。しかも，非日常的な体操の技における〈動く感じ〉の創発への苦しみや奇妙な動感メロディーの消滅現象に対して，その〈動きかた〉の様相化に山口先生がどのような問いかけをしてくるのかがまさに関心の的になります。しかもその例証は，対談に出てくる鉄棒の〈大開脚下り〉のキネグラムを頼りに〈動感形態化〉（キネステーゼ）に苦悩した老生の半世紀以上前の思い出話そのものなのです。それを取り上げて，その〈動く感じ〉を形態化していく〈実的分析〉（レエール）を論文に主題化しているのは一驚に値することです。それは〈超越論的時間性〉の問題として，フッサールが主張して止まない内在的な〈感性的経験〉がその起点が据えられているからです。私た

ちの発生的運動学の分析対象になるのは，計測可能な数学的な空時性ではありませんから，この問題を現象学者の山口先生はどのように論考に持ち込むのかについて，私の関心も高まらないはずはありません。それどころか，美意識を含む感覚質の優劣を競技するこの問題性を現象学者の山口先生はどのように展開されるのかはまさに私の関心を捉えたことでした。私自身の苦悩に満ちた〈動感形態化〉への原発生地平分析として苦しみ抜いた〈感性的経験〉だっただけに，山口先生の問いかけとその〈実的分析〉として私の時間流の原発生地平にどのように介入してくるかに関心が集中せざるをえないのは当然なことです。

　次の第二の体操競技の命題は，突然のイップス的な感覚消滅の体操競技における出来事をこの世界的な現象学者がどのように開示するのかが私の関心を揺さぶりました。それは1958年のモスクワにおける世界選手権の日本男子チームの選手たちが鉄棒の規定演技の宙返り下りが突然のイップス的な動感消滅に見舞われた奇妙な事件だったのです。チーム6人の正選手のうち4選手までも宙返りの手が離せないという事件のことを誘われるままに話したことが対談記録に残っていたのです。それは日本チーム監督だった私にとって当時のまさに想定外の事件だったのであり，しかもモスクワの世界選手権に出発する直前の出来事だったのです。その希有な出来事を競技経験のない現象学者の山口先生が取り上げて，動感メロディーの〈システム化〉という奇妙な〈動感感覚質〉の問題をどのように捉え，何をどのように問いかけてくるのか，その問いかけの〈借問方法〉としても私の興味を惹き付けて余りあるものだったのです。この〈動感メロディー〉と呼ばれている超越論的な空間時間性の問題はまさに難問中の難問なのに，どうして山口先生が因果法則的な〈事実学〉の呪縛から解放されて執拗に問いかけをするのが信じられなかったのです。山口先生が剣道に打ち込まれていた身体経験をお持ちなのは承知していても，メロディー消滅に関わる具体的な見事な質問に連合化したとするなら，宮本武蔵のいう「一道万芸に通じる」という剣の世界の〈動感身体移入〉は，まさに気配感のシンボル化の道に通じるのかもしれないと思ったのです。その対談記録を読まれるときには，まさに〈感情移入〉の可能性を心に留めながら，奇妙な事件の対談記録に向き合うという問題意識を持つことが肝要であることを付記しておきたいと思います。

■〈身体知の発生と判定〉金子一秀先生の論考解説

　もう一つのスポーツ運動学の論考は，競技運動学を専門とする金子一秀先生の〈身体知の発生と判定〉と題されて，発生運動学に課せられた超越論的構成分析の諸問題が取り上げられています。全体はI~V章から構成されていますが，前半のI~Ⅲ章とⅣ章は内容的に区別しておいたほうが理解しやすいので，そのような手順で取り上げたいと思います。その前半では，スポーツ領域における発生論的基本問題，発生運動学の創設問題，さらに発生分析をめぐる問題性など，現在のスポーツ運動学が抱えている問題性の背景とそこに潜む奇妙な断層のあることが呈示されています。Ⅳ章では，スキップという日常的動作を取り上げ，主観判断による〈事態分析〉のなかに〈運動感覚システム〉が受動綜合化される実践的な論考と，V章では現在のスポーツ運動学が直面している深刻な課題とその展望が呈示されています。

　少しだけ内容に立ち入ってみますと，前半初めのI章〈身体知の意味発生〉では，競技スポーツの公正な勝敗決定を保証する科学技術システムが取り上げられています。さらに，学校体育の在り方も健康維持と体力向上を柱とした明治以来の生理学的教育理念が崩壊し始めている実態が開示され，知育，徳育に並んでいる〈体育〉の本義が揺らぎ出し，問題が深刻化しています。しかし，Ⅱ章の〈スポーツ運動学の創設〉では，マイネルの形相的モルフォロギー分析が世界的に注目されるに伴って，初めて学校体育の問題も同時に浮上してきました。前回の東京五輪(1964)以降に体育指導要領の中核をなしていた〈体力づくり〉から〈身体能力〉に変更されるに伴って，どうしてもスポーツ運動学の身体発生論に向き合わざるを得なくなっているからです。念のためつけ加えておきますが，発生運動学で使われるボイテンデイクの〈身体知〉ないし〈感覚論理〉という専門用語は，可能態としての〈身体能力〉と現実態としての〈身体知能〉を意味発生の様相に即して使い分けられています。その身体知能は〈身体知能の能動性と受動性〉の中で具体的に解説されています。こうして，身体能力の教育学的意義を問い直すことになりますが，マイネルのスポーツ運動学の成立とわが国への運動学導入の歴史的経緯も〈スポーツ運動学の黎明期〉として解説がつけ加えられています。

　次のⅢ章〈身体知能の消滅に潜む裂け目〉では，まさに発生的運動学の真

骨頂を開示した注目すべき本質分析が取り上げられています。その起点には金子先生が精力的に取り組んできた問題意識の起点がまず〈運動学における動きかたの確認〉という純粋記述のなかに呈示されます。この〈動きかた〉という用語は〈動く手順〉や〈動く手続き〉ではなく，〈動く感じの捉えかた〉が意味されています。しかもその問題性は〈科学的運動分析の手続き〉として，具体的な例証と共にその問題の核心が明らかにされています。しかし科学的分析に馴染んできた私たちはどうしても二元論的呪縛から解放されにくい事情におかれています。それは〈二元論的思考の呪縛〉として具体的な例証とともに開示されます。こうして，私たちは〈動きかたの消滅〉に泣かされる羽目に追い込まれていくのです。その指導者の苦悩の重大さにも気付かず，〈動きかた〉消滅の原因を探り，体力やメンタル問題を学習者に強要するのが一般的だからです。結局のところ，もし指導者がキネステーゼ身体知能の〈身体化〉に苦しんだ身体経験をもっていないとしたら，その学習に苦しんでいる生徒の〈動く感じ〉の存在に気付くはずもありません。こうして，〈キネステーゼ感覚の生成・消滅〉というスポーツ運動学の独自さが前景に浮上してきます。それはスポーツ指導者に実技実習の必修化が要求されることになるのです。そこでは〈身体知能による分析力〉しか頼るものはないことが呈示されていることに注目して欲しいと思います。にもかかわらず，巷間では教員養成課程で実技必修の是非が問題になっているとしたら，その無邪気な素朴さはどこから来るのでしょうか。

　IV章では，まず「主観判断による〈事態分析〉の諸問題」と題され，そこには貴重な分析手続きが多くのセクションにわたって開示されています。〈スキップの解体分析〉は，現象学では〈脱構築分析〉と呼ばれていますが，以前から競技実践で馴染みのある〈解体分析〉の用語が取り上げられています。勝れたコーチは，現場で運動感覚システムを掴めない選手に対して「出来ない〈動きかた〉を先に確認しなさい」と叱咤すること頻りなのです。この〈解体分析〉はやがて〈わざ幅〉の地平分析に連合化していきます。さらに〈弾力化事態分析〉が開示され，次いで〈受動綜合化される運動感覚システム〉という刮目すべき結論が導き出されます。とりわけ，〈スキップ〉や〈けんけん〉という日常的な動作を取り上げたそのキネステーゼ感覚質の事態分析は，私たちの発生運動学の独自な運動感覚システム分析の成果として注目

されるものです。スポーツ実践指導の現場では，欠くことのできないフッサールの物講義で指摘される〈運動感覚システム〉の重大さ［*Husserl, E.: Ding und Raum, 1907, Hua. XIV. S.154ff.*］は，その30年後の危機書［*§47, S.164f.*］においても今後の研究方向として重大な意味をもっているからです。この運動感覚システムの分析は現場でコーチするときの問題性を多く呈示しています。それだけに，幼児運動学やスポーツ教育運動学の発生分析的成果が期待されるのはこの意味においてです。それは〈動感形態化〉における多くの消滅分析を経て〈競技論〉への本質記述分析に至っているからです。この種の問題性はその個別競技運動学のさらなる事態分析を求めていることになります。にもかかわらず，競技指導の実践現場では，新しい〈動感形態化〉によって動感感覚質の生成に偶然に成功すると，それがコーチの指導成果として我田引水することが日常化している昨今なのです。指導者がこの消滅分析のなかに多くの成果を読み取る上でも，本論考は多くの示唆を提供しています。そこには多くの実りある実的分析の方法論的問題が潜んでいるからです。

　すでに指摘しておいたように，Ⅴ章では一つの統一的論考として重要な提言が取り上げられています。競技スポーツで多用されている〈VTR判定における客観性〉の本質記述学的問題や，〈評定競技の採点客観化〉，さらに〈他者主観の判定可能性〉には今後の発生運動学の不可避的な問題性が前景に浮上してきます。それらは〈身体知を支える感性的経験世界〉に総括され，私たちスポーツ運動学を研究する者にとって重大な意味をもつだけに注目すべきことと思われます。

　最後になりましたが，キネグラムを担当された森直幹先生への謝辞を忘れるわけにはいきません。この対談記録における専門的内容の理解を助けるために，私たちの伝承誌発行の任にある森先生にキネグラム（映像連続図）を描いていただいたからです。森先生は前回の東京五輪 (1964) の体操競技の男子規定演技解説の連続図を国際体操連盟 (FIG) から依頼され，次いでその膨大な難度表のキネグラムもすべて森先生の労作であり，FIGから特にキネグラム制作の権威として公認されている専門家です。半世紀以上の長い仲間意識に甘えて，今回の著作でもお願いしたことを付記してそのご協力に心からの謝意を申し上げる次第です。

対 談

〈わざの狂い〉を超えて

金子明友 ・ 山口一郎

◆対談に入る前の一言

山口：今日は，ぜひとも金子先生に，そもそもどのような形でマイネルのス
　　ポーツ運動学に関心を持たれ，どのようにして現象学の研究，とりわけフ
　　ッサールの発生的現象学の研究に入ってこられたのか，そこのところを一
　　度しっかりお聞きしておきたいという思いで，このたび，金子一秀先生に
　　お願いしてお話をうかがいに参りました。

　　　というのも，明治以来，日本人は150年に渡って西欧の学問を取り入れ
　　ようとしてきました。そのとき問われるのは，いわゆる西洋文化に伝承さ
　　れている学問的態度というか，学問的問いの立て方というのは，私たち日
　　本の社会で生活している者にとっては，やはりなお異質なもののままに留
　　まってはいないか，という疑念が浮かび，西洋の学問との取り組み方その
　　ものを振り返ってみる必要があると思われるからです。

金子：ええ，そうですね。

山口：私たちにとって，西欧にみられる生活態度，例えば何かあったときに
　　弁護士を立てて，裁判所で決着を付けるということが当たり前で，きっち
　　りとその理屈を付けながら生活するという生きる態度にはまだ何か大きな
　　違和感がともなっているのではないでしょうか。そのような日本の生活の
　　中で，そのような，いわば客観的な学問的態度がどんなふうに生かされる
　　のかということは，それこそ先生がマイネルの著作に出会って，その中で
　　何を感じ，何を考えていらしたのか，日本に生きる社会人にとって，なか
　　なか伝わりにくいのではないかと思われるのです。

金子：ええ，そうですね。

山口：そうすると，先生ご自身が体験なさったある種の違和感の機微に触れ
　　つつ，その本質を日本の運動学研究に導入なさってきたご苦労の中身がは
　　っきりと文章化され，具体的な形になるということが，これからのスポー
　　ツ運動学の展開にとって非常に重要なことのように思われるのです。

■1 終戦直後における運動分析方法論の実状

金子：それでは山口先生のご指示に従って，まずわが国のスポーツ運動学が
　　ドイツの新しい発生的運動学に出会うまでの変様プロセスをかいつまんで

お話ししておきたいと思います。まず最初に確認しておかなければならないことがあります。それは，わが国の学校体育や競技スポーツにおける運動（エクサ）としての分析論は，鎌倉末期ないし室町の昔から続いてきた古来の能楽や武術における芸道という稽古論と，さらに明治維新以降に西欧から導入された解剖・生理学的な 運動（エクササイズ）方法学とをうまく調和させて受け容れてきた歴史をもっているということです。

　ところが第二次世界大戦後の日本は，GHQ［*General Headquarters* 連合軍総司令部］の支配下におかれ，学校体育も競技スポーツも，とりわけアメリカ主導による自然科学的な運動学（キネシオロジー）とマネジメント科学に独占されていました。終戦直後の占領下にあったこの時代では，それまでの芸道的な稽古論と解剖・生理学的なエクササイズ方法論の長い歴史は，まさにコペルニクス的な転回を迫られていったわけです。悲惨な世界大戦がやっと終わりを告げてから，もう70年以上の歳月が流れていますから，占領下の体育や競技スポーツの事情を知る人も珍しい存在になってしまいました。ですから，GHQ に絶対的支配権を握られていた占領下において，体育や競技スポーツのこれまでの習練方法論が急激な変革を強いられた事情のもとにあり，それまでのコツとカンだけで打ち込んできた武道や芸道の伝統的な稽古論でも，突然に非科学的な汚名を着せられ，侮蔑感にまとわりつかれていた事態をまずもって確認しておく必要があります。

　その終戦直後の生々しい占領下の歴史を体験した選手や体育教師も，もうすっかり珍しい存在になってしまいました。しかも，その当時の競技スポーツの運動感覚の捉えかた，つまり〈動く感じ〉（キネステーゼ）の統握にどんな変化が起こったのかをわが身で感じ取り，開示してくれる人を見出すことはまさに難しくなってきています。いわば，その当時に活躍した選手たちも，もはや卆寿を越した高齢者になっているだけに，その生々しい歴史をしっかり確認しておかなければならないという山口先生のご指摘がまさに正鵠を射ているのは，この意味においてなのです。その詳しい開示については，拙著［『わざ伝承の道しるべ』:§1~§2］にも述べてありますから，ここではその要点だけをかいつまんで話を進めていくことにします。

　終戦前までのわれわれの技芸（わざ）を習練するときの〈道しるべ〉はどうだったのでしょうか。それは〈固有領域〉である〈私の身体〉を「ど

のように動かすのか」という〈動きかた〉［*Bewegungsweise: E. Strarus, "Von Sinn der Sinne" 1956, S.263*］、いわば、それを別言すれば、自らの内在的な〈動く感じ〉の統握はもっぱら自分のコツとカンだけを頼りに、〈無師独悟〉として自得するしかないという、かなり意地悪な〈道しるべ〉しか呈示されていませんでした。これでは、まさに指導者不要論と取り違えられてしまうほどです。とはいうものの、そのコツとカンを一元化した〈意味核 *Sinneskern*〉［*Hua.III. S.240*］として言語化することは、まさに至難の業であることも事実です。しかもその身体感覚の意味内容を、本人が「本当に言えない」のか、あるいはパテント権を守るために「言いたくない」のか、外部からは分からないことになります。

山口：ここで先生のお使いになる現象学に関する用語について、簡単な説明を付け加えさせていただきますと、［*Hua.III. S.240*］というのは、『フッサール全集第 3 巻』の 240 頁に記されている *Sinneskern* というドイツ語の訳語が〈意味核〉といわれるということを意味しています。そして「意味核」というのは、私たちが「コツとかカン」とかいうとき、その言葉で表現したいと思っているコツという意味の内容とカンという意味の内容が、それぞれの意味の中心になる核のところで一つの「意味の核、意味核」になっているということなのです。しかしこのことをはっきり言葉にすることが、先生のおっしゃるように、至難の業なのです。しかもそのことを体得している人が、実際に「言えない」のか「言いたくないのか」はっきりしないとなると、それを伝承することは、不可能に近くなるわけです。

金子：補足をありがとうございます。説明を続けますと、それだけではなく、その VTR の高速映像を 1 コマごとにしっかり確認しても、その無機質な静止像の連続は、動くときに役立つ実践知の〈動く感じ〉を開示してくれるはずもありません。その自得を迫る教師やコーチさえも、その〈道しるべ〉を教えないのがわが国古来の芸道の鉄則として承認しているのです。戦前の体育教師は、すでにその身体知能をマスターした指導者ですから、その技芸のコツやカンの意味核を知悉しているのが当たり前なのです。ですから、教師の示す模範的な〈動きかた〉を自らの〈眼で見る〉のでなく〈身体で見抜く〉ことが求められ、「そのコツを盗みとるのだ」と叱咤激励すること頻りとなります。そのようなわが国古来の〈自得の美意識〉と

いう芸道の究極的意味核〔センス〕は，決して非科学的な運動意識の分析ではありません。それは，自ら動きつつ，直にわが身で感じ取るフッサールのいう価値感覚〔Wertnehmung〕の働き〔能作 Leistung〕ですから，それは現象学的志向性分析に通底してくることも同時に見逃してはならないのです。

山口：フッサールのいう〈価値感覚〉という言葉は，聞きなれない言葉かもしれませんが，フッサールは，人間が行う「意味づけと価値づけ」を「意味と価値に向かっていること」として〈志向性〉と名づけています。ここでフッサール現象学で〈価値〉といわれるのは，二段階（層）に別れていて，下層には，「快／不快」といった生理的な本能の欲求に即した「価値づけといえる価値志向性」が働き，上層には，理性的判断に即した社会倫理に関する「善／悪」をめぐる価値づけの価値志向性が働いているとされます。ここで価値志向性に属する〈価値感覚〉〔Wertnehmung〕は〈価値覚〉とも訳され，〈知覚〉〔Wahrnehmung〕と対置され，一方の〈価値〉〔Wert〕と，他方の〈知〉〔Wahr 真実〕が〈覚〉〔nehmen 受け取る〕と結びついています。ということは〈価値覚〉〔Wertnehmen (-mung)〕とは価値を受け取る，受け止めるという意味で，金子先生が「芸道の意味核は，決して非科学的ではなく，フッサールの価値覚の働きであり，現象学的志向性分析と根底で繋がっている」とおっしゃるのは，芸道において身体の動きの感じ分けには，身体の動きに対する「うまくいった，うまくいかない」という価値評価がつねにともなっています。だからこそここで，〈価値覚〉の働きが現象学の志向分析にもたらされうるのです。

金子：まさにその通りで，そのように現象学的志向分析にもたらしうる伝統的な芸道における身体知能の伝授はかろうじて保たれたものの，それまでの剣道や柔道の必修教科は連合軍総司令部の禁止命令によって学校体育から軍国主義の元凶として排除されてしまったのです。その根性主義や陽炎〔かげろう〕のように無限に先送りされる目的論的稽古の道しるべは，合理的マネジメント科学を無視した〈素朴さ〉として即座に批判される羽目に追い込まれたのです。戦後の義務教育の学校制度改革や新制大学の自然科学主義の主題化が占領政策の一環として精力的に進められていたことを知る人も少なくなってしまいました。それが終戦直後の学校体育や競技スポーツがおかれていた実情〔エクササイズ〕でした。そのことが運動分析方法論の基盤を成しますから，

自然主義的な運動認識が基本的な考え方として体育や競技の世界に定着し，コツやカンの〈感覚論理〉が排除される仕儀となるのです。

　しかも，欧米の新しいスポーツ競技やスポーツ教育領域の科学的運動分析法や学習マネジメント科学の情報が次々と紹介され始めます。となると，敗戦国の弱みからか，古来の武道や芸道の核心をなす奥義に通じる荘周による『荘子』の〈技芸思想〉や禅仏教の〈東洋的技術観〉までも一気に色褪せてしまい，凋落の一途を辿ってしまうことになります。そのような精神主義的な根性を基柢に据えた，単なるコツとカンだけに頼ったスポーツトレーニングの手続きは，非科学的な単なる〈主観的運動分析〉と批判され，一方的に侮蔑対象に追い込まれていったわけです。

　ところが，平和になって一気に復活したスポーツ競技やスポーツ教育のボールゲームなどが人気を博してきました。しかし，難しい〈動きかた〉を身に付けようとするとき，その生理学的，物理学的メカニズムの情報を頭で理解できても，すぐにはうまく動けないし，筋力は十分に強くてもボールを思う方向に蹴ったり，投げたりできないことに気づき出します。となると，選手や生徒に直に向き合っている実践指導者の現場では，再びコツやカンの身体感覚が主題化され始めることになります。このような占領下にあった戦後事情のもとで，わが身の身体感覚を直に反省し，他者の自己運動に共感できる身体能力を主題化したドイツのマイネル教授の新しいモルフォロギー的運動学がわが国の実践現場から干天の慈雨のごとく歓迎され始めることになります。

　とはいっても，〈動く感じ〉に潜む時間流の〈原発生〉における地平志向性の深層に潜む主観的な身体感覚の純粋記述が，どんなに〈本質的なるもの〉を捉えていても，つまりそれが超越論的な反省による現象学的記述分析であっても，それは一般妥当性を欠く信頼できない単なる主観的な記述報告として一蹴されてしまうのです。

山口：なるほど，確かに現象学の記述は，それぞれの主観に直接体験される「身体感覚」の記述を出発点にしますので，科学的客観的でないと一蹴されてしまうのは，当時の事情もあって，当然かもしれません。しかし，自然科学の基礎として活用される計測される客観的時間の成り立ちを問うのが現象学の時間論であり，科学では不可能な，身体感覚の感じ分けを自分の中

だけでなく，他の人に伝えられるのは，どのようにして可能になるのかを研究するのが，現象学の超越論的反省なのですから，身体感覚の伝授にとってマイネル教授の「形態学的運動学」同様，まさに運動学の発展に大きく寄与してよかったはずなのです。そのとき問題は，一方で確かに，現象学の用語の理解の難しさであると思われます。

　ただし，この「超越論的」というのは，そんなに理解の難しい言葉なのではありません。「超越」とは「超えていく」という意味で，何が超えていくのか，といえば，先ほど「意味づけと価値づけ」ている「志向性」が働いて，身体を動かして，「うまくいったとか，うまくいかなかった」と感じるときすでに身体が「その特定の動きを実現しようと動いた」後の結果を感じとして受け取っているのであり，「実現しようと動いたこと」が「超越した」ということを意味するのです。例えば，雑踏で不意に人に押されて，気がつく以前に身体が反応し，倒れて怪我をしない（不快な思いをしない）ように，価値づけの志向性が働いているのです。意識する以前に志向性が環境の変化に応じるように，外に向けて越えていっていることが「超越論的」といわれ，その超越論的志向性がどんな風に超えていったのか，どんな風にその意味づけと価値づけが働いたのか，その働きかたを明らかにしようとする志向分析が，「超越論的反省」と呼ばれるのです。これからも金子先生との対談の中で，この「超越論的反省」という言葉が使われますので，そのつど，ここでの説明を思い出してみてください。

金子：現象学の「時間論と超越論的反省」についての補足的説明，ありがとうございました。

　さて，このような占領下で強制された自然主義的な科学的思考は，終戦後の数年のうちにすっかり根付いてしまい，それこそが普遍的客観性を保証するのだと執拗にその科学的妥当性が強調され，新制大学の運動分析論の教授たちも声高にそれに迎合せざるをえなかったのです。物理的時空間の精密測定によってこそ，スポーツ競技の勝敗の公平性が保証されるのであり，あるいは学校体育の体力向上の生理学主義によってしか体育の陶冶目標が達成できないと考えるのに何の抵抗も感じなくなっているのです。その背景には，このような戦後に沈澱した生々しい歴史が存在していたことも，はや忘却の彼方に押しやられているのです。

山口：そのような中で，終戦直後の1945年から，先生ご自身の目指したのが体操競技であったのですが，その当時のご自身の練習のご様子はどのようなものだったのでしょうか。大変な練習をなさったのでしょうね。

金子：しかしまあ，食べ物がない焼け野原だった戦後の東京です。だから，講義を聞いていても，教授が黒板に向かった途端に，スッとエスケープして〈外食券食堂〉に直行するのです。少しでも早く食堂に行かないと，食事にありつけない時代でしたから……。

山口：激しいトレーニングに，とても体力がもたないからでしょうね。

金子：ところが食堂にいっても，ご飯はありませんから，さつま芋が3本だけの昼食でした。戦争が終わったばかりの焼け野原の東京では，それが当たり前でした。そんなことで，わざの練習らしい練習はとてもできる状態ではなかったのです。

山口：その苦しい生活のなかで，1948（昭和23）年の全日本インカレに優勝なさって，その後と思うのですが，いつドイツに行かれたのですか？

金子：いいえ，その頃は外国に出かけることはとても考えられない混乱のひどい戦後の事情でした。その昭和23(1948)年には，世界大戦後に初めてのオリンピック大会がロンドンで開催されたのです。しかし，日本はドイツとイタリアとともに第二次世界大戦の〈戦犯国〉として，IOCからボイコットされ，オリンピック参加が許されませんでした。インターカレッジで個人総合優勝したときの私の新聞記事が，ロンドン五輪(1948)に参加できなかった無念さを代弁してくれていたことを今でも覚えています。

　日本がドイツとイタリアとともに，やっとIOCに復帰が認められ，再びオリンピック参加の夢が実現する運びになるのはヘルシンキ五輪(1952)からでした。しかし，三段跳びの田島直人選手や水泳の前畑秀子選手の金メダルに湧いた第11回ベルリンオリンピック(1936)の次は，戦争さえなければ第12回東京オリンピック(1940)の予定だったのです。それが不幸な世界戦争で中止となり，第13回五輪も戦争で流れてしまい，第14回のロンドン五輪が私のインカレ優勝の昭和23(1948)年だったのです。とすると，次の第15回ヘルシンキ五輪(1952)しか外国に行くことはできないわけです。そのためには，その4年の間に5回のオリンピック予選を通過しなければなりませんでした。幸い最終予選はトップで通過しましたが，そ

れがどうも運の尽きだったようで，次々と〈わざの狂い〉に悩まされることになったのです。

山口：そのときにヘルシンキにいらしたのが，初めての西洋体験ということになるのでしょうか。

金子：はい，そうです。それが初めての海外旅行でした。それで，とにかく最初のオリンピックのときは，チーム選手権で5位だったのです。当時は，チーム選手権は8人1チームで，そのなかの上位5人の得点がそのチーム得点になるルールに基づいて行われていました。日本の体操チームはその実績（前回1936年のベルリン五輪では9位）と戦後の厳しい経済的理由から5人しか派遣されなかったため，削除点 [Streichnote] なしの厳しい条件のまま，われわれ全員の得点だけで勝負をする羽目に追い込まれていたのです。

山口：そうですか。5人しかいない日本チームですから，5人全員の点数で勝負をするのですね。

2 五輪予選で〈わざの狂い〉に悩む

金子：そのチームメンバー全員の得点だけで勝負するという当時の厳しい条件は，「5人の選手団」というタイトルのオリンピック記録映画ができたほどの珍しい活躍だったわけです。しかし，その日本代表選手選考の最終予選の直前に，鉄棒の宙返り下りという〈わざの狂い〉に見舞われ，私個人としては最悪の苦しい経験になりました。

山口：え？　その最終選考試合のときですか。

金子：そうなのです。私は順手車輪から〈屈身宙返り下り〉を予定していたのです。もちろん，それが得意な技で当時では珍しい高度な下り技でした。しかし，何の前触れもなく，突然にこの得意技が狂ってしまったのです。練習で順手車輪から宙返りに入ろうとしても，手が離れないのです。それで困って，仕方なく逆手車輪に切り替えて，鉄棒の上をまたぎ越す〈開脚下り〉に切り替えて難を逃れたわけです。

山口：そうですか。

金子：それで，ヘルシンキに行ったら，逆手車輪からバーを突き返して〈開脚下り〉をやる選手など誰もいないのです。一般に〈*Riesengrätsche*〉[大開脚跳び越し下り] と呼ばれている魅力的な大技は，そのヘルシンキ五輪

の 16 年前のベルリン五輪 (1936) で優勝したドイツのシュワルツマン [*A. Schwarzman*] という選手の得意技でした。その本人［当時 45 歳］がヘルシンキ五輪にも出場していて，しかも鉄棒で銀メダルをとった演技を目の当たりにすることができたのです。そのシュワルツマンの大技を，試合中も持ち歩いていた 16 ミリ撮影機で幸いにも捉えることができたのです。帰国してから，それを 1 枚ずつのキネグラム［連続映像シリーズ］にして，それを見ながら工夫する苦悩は 1 年も続きました。だから，日本で初めてこの大開脚下りを実現することに成功したときの悦びは，そのときの大胸筋が引っ張られる〈感覚ヒュレー〉とともに，今でも鮮やかにその筋肉感覚が残っているほどです。

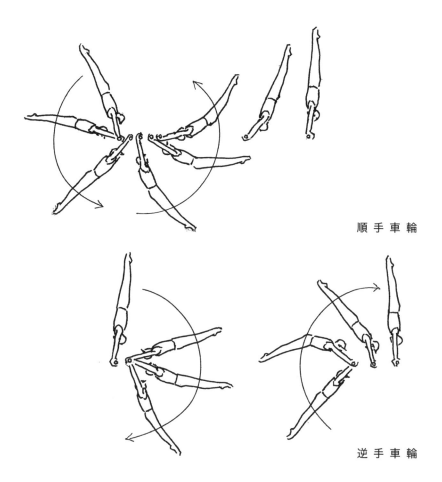

順 手 車 輪

逆 手 車 輪

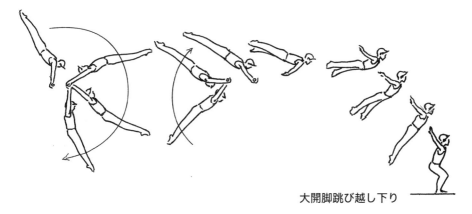

大開脚跳び越し下り

山口：ところで，その〈動きかた〉を具体化 [Konkretisieren] するにはいったい
　　どうなさったのですか。

金子：そのご指摘こそ正鵠を射ていると思います。ヘルシンキで初めて自ら
　　の目で見た生き生きした〈動きかた〉をどうやって〈追創設〉[Nachstiftung,
　　Hua.VI. §15, S.72] できるのかはまったく見当も付きません。それはまさに 1
　　年がかりで，道なき原野をさまよい歩く苦悩の日々に追い込まれていった
　　のです。すべて独りでやらなければならないし，誰にも頼る人はいない大
　　技なのです。その目標技は誰一人として経験した選手は日本にはいません。
　　そこでは自らのコツとカンを頼りに工夫を重ねるしか道はなかったのです。

山口：そのわざを 1 枚ずつの静止像の写真にばらして，コマをずらしながら，
　　どうやれば〈動けるか〉という工夫は，言うのは簡単だけど。ものすごく
　　大変だったのでしょうね。

金子：まさにその通りです。結局，1 コマ，1 コマの静止映像は動きませんから，
　　一つの映像から次の映像との間にしか〈動く感じ〉の働く〈動きかた〉は
　　存在しないわけです。しかも，当時は 1 秒間に 16 コマの映像しかありま
　　せんから，その間はいわゆるフッサールのいう「沈黙する具体化」[stumme
　　Konkretion: Hua.VI.§55,S.191] を創発 [stiften：生み出す＝創設] するしかないのです。
　　その間の〈動く感じ〉を掴めなかったら，絶対に〈動きかた〉は成立する
　　はずもありません。ですから，その頃から，山口先生のような現象学者が
　　主題化する〈自己時間化〉の問題に向き合っていたのかもしれません。も
　　ちろん，その当時 [1953 年頃] にその問題意識がフッサールの発生的現象

学の究極核をなす時間化問題であるという認識があるはずもありません。そこでは，ひたすら古来の芸道におけるコツとカンの一元化を求めて，伝来の稽古論を実践するなかに，受動綜合化する身体発生という〈生動的な歴史〉に向き合ってその〈感覚論理〉を探り出すしかないのです。そこに，厳密な学問としての普遍妥当性が芽生えることなど想像することさえできない素朴さのまま，自らの身体感覚に向き合う苦悩の連続だったのです。

山口：先生のおっしゃるフッサールが出会っていた「自己時間化」の問題ですが，実は，先生ご自身が，1年をかけて，大開脚跳び越し下りの大技をキネグラム［連続映像シリーズ］にして，それを見ながら体得するよう工夫する苦悩の経験において，先生ご自身の身体で，フッサールが取り組んだその「同一の問題」と格闘なさっていたといえるのではないでしょうか。フッサールの場合，一定の時間，そのまま具体的に与えられている持続する音の響きを細切れにしていって，1コマ，1コマに区切っていって，その1コマ，1コマからどうやってもともと聞こえているその同じ音の響きとして聞こえることになるのか，その理論を作り上げようとしました。それに対して，先生は，外から見えてはいても，自分の運動にはなっていないシュワルツマンの大技を，フッサールとは逆に，1コマ，1コマとしてしか与えられていないそれらの視覚像の動きの変化から，その視覚像の変化にぴったり相応している（現象学では「連合する」といわれます）はずの身体内部での〈動く感じ〉（現象学では，キネステーゼは「運動感覚」と訳されています）を生み出そう（現象学では「創設する」といわれます）となさったのです。フッサールの場合，具体的に聞こえている音はそこに直接感じられていても，先生の場合，そのいまだ与えられていない具体的な身体運動の〈動く感じ〉を作り上げるのですから，それは遥かに困難な課題といえます。先生はその課題に直面して，身体運動の視覚像の変化と〈動く感じ〉の変化の〈連合〉を原創設なさったのです。そして二つの感覚の変化が変化として連合されて感じられるのが，まさにフッサールが分析して解明した「過去把持と未来予持による内的な時間意識の規則性による」といわれるのです。

金子：まさにその通りといえます。その当時を振り返ると，それまで，私たち競技に生きる選手やコーチは，このような古来の芸道に即して，ひたす

ら実践知を求めて，わが身の〈キネステーゼ価値感覚〉に問いかけながら，なんとかコツとカンの〈一元化意味核〉（意味の中核）を掴み取ろうと苦悩するしかなかったのです。だから後になって，そのことが山口先生のいう発生的現象学の時間発生として主題化されているのを知ったときには，まさに一驚に値する感動でした。そんな非科学的なコツやカンだけに頼ってはだめだと侮蔑され続けてきた苦難の道が一気に拓かれた感じでした。その〈動く感じ〉（キネステーゼ）の意味核こそが動きかたの本質分析に当たると断じてくれるフッサールの発生的現象学は，それだけに，現場の実践問題に生きる私たちを支えてくれる厳密な〈本質学〉そのものでした。ところで，山口先生に是非お聞きしておきたいのは，どうしてフッサールはこのような〈時間化〉，いわば時間発生の深層の重大さに気づかれたのか，つまりその連合的動機づけをどのようにして捉えたのかが知りたいと思うこと頻りなのです。このことがずっと気になって，機会があれば現象学者の方にそのことを承りたいと思っていたところなのです。

3 過去把持と未来予持との出会い

山口：先生のおっしゃる運動のさなかで生じている過去把持や未来予持は，まさに意識の背景に沈み込み，その意識の背景から浮き上がってくるような，いわば無意識に生じている過去把持であり，また無意識に生じている未来予持として生き生きと働いているものと思われます。時間化のキーワード［鍵概念］ともいえるこの「過去把持と未来予持」は，運動をなさっておられる皆さんの身体経験にあるように，元来，直接，無意識に経験されていて，「ふとした瞬間に」起こったことに後で気づくといったものなのですが，フッサールがこの人間の身体運動に備わる過去把持と未来予持の能力を発見したのは，実は，例えば，警笛の音を聞くとか，メロディーを聞くとか，無意識に働いているのではなく，はっきり意識された，一定の音の長さが過去把持されたり，未来予持されたりするという実例をとおしてなのでした。

　初めての歌のメロディーを聞くとき，メロディーとして聞こえるためには，連続する音が聞こえて，それがそのままそこに残っていくのでなければなりません。そのような「感覚記憶」とでもいえるような意識の働きが，

過ぎ行く感覚を保っていく「過去把持」の働きといわれるのです。これに対して，未来に生じることを無意識に予測する働きが「未来予持」と呼ばれます。フッサールは，まずこの過去把持の働きを，独自の特有な志向性の働きとして露呈することができたのですが，そのためには，10年以上の綿密な記述的分析が必要とされました。メロディーといった複数の音の持続的統一の仕方の解明の厳密さと論理的一貫性は，同一の問題の解明を企てる，その当時，ドイツ哲学の主流であった新カント派に属するR.H.ロッツェやブレンターノの弟子であったA.マイノングなどの時間論との徹底した認識論上の理論的抗争をとおして必然的に生成してきたということができます。この種の哲学的論証の厳密性は，他に類を見出せない卓越した論証能力を示しているといえます。

　この時の論証の進め方の大きな特徴は，フッサールが「音の持続」を分析して，どうやって「音が続いているように聞こえるのか」明らかにしようとするとき，まず第一に日常使用されている「時計で測る時間」は，昼夜といった環境の変化や数を前提にして出来上がっている客観的時間として，各自の内面に直接与えられる感覚体験の持続や変化の成り立ちの問いから，まずは除外するということです。時計の時間を捨て，先生のご経験にある「鉄棒の手を離せなくなる直前，直後に身体内で必死の思いで感じ分けられる〈動く感じ〉が感じられる生きた時間の成り立ちを問う」ということなのです。ですからその意味で，フッサールは時間を，身体の内部を流れるように感じ分けられている時間を中心にして考え尽くしたといえ，それだからこそ，金子先生にとって最重要である〈動く感じ〉の時間の解明に直接繋がっているといえるのです。この動く感じをどのぐらい続くのか，と時計で測っても何の意味もないのです。動きを作るときの身体の中を直接流れる生きた時間の流れであり，時計で測るのはすべて，その運動の結果に過ぎないのです。

　そして，この意識された過去把持が，実は，意識される［意識に上る］以前にすでに働いていることにフッサールが気づいたのは，「仕事をしていて，それに気づくことなく，隣の部屋から音楽が聞こえていたことに後からふと気づく」といった事例（『受動的綜合の分析』邦訳224頁を参照）をとおしてでした。仕事に集中しているときには，仕事の内容に注意してい

ますから，隣の部屋から音楽が聞こえていたことに気づいていないので
す。しかし，集中に途切れがくるとか，フッサールがいうには，「急に心
を捉えるメロディーの一節」に注意が向いたその瞬間に，それまで流れて
いたメロディーの全体に気づくというのです。私がよく出す「急に静かに
なったと思ったら，それまでクーラーが点いていたのに気づいた」という
例証や，最近よく使う例証として「電車の急ブレーキで隣の人の足を踏ん
でしまったことに，踏んだ後に気づく」という例を挙げることもできます。
いずれの場合も，気づく［意識する］前に，「クーラーの音」を気づかずに
それとして過去把持し，気づく以前に動いてしまっている「自分の足のキ
ネステーゼ感覚」をそれとして，無意識に過去把持できていたのです。

　このように，この意識にのぼる以前の過去把持や未来予持が，フッサー
ル自身にとってはっきり分かるようになったのは，1920 年代に始まるフ
ッサールの「発生的現象学」の研究が主題化されるようになってからです。
ところが，この「発生的現象学」の研究内容が，現象学者に周知される
ようになる前に，ヴッパタール大学の教授であったクラウス・ヘルトとい
う現象学研究者の博士論文 *"Lebendige Gegenwart. Die Frage nach der Seinsweise des
transzendentalen Ich bei Edmund Husserl"* が 1966 年に出版され，それが『生き生
きした現在時間と自己の現象学』と題して翻訳され，フッサールの時間論
を理解する上で看過できない必読書とされていました。ところが，この『生
き生きした現在』という書物には，ここで問題とされている「過去把持や
未来予持」の説明は，ほとんどされておらず，自我がどのようにして時間
の流れを構成するのか，という視点からしか，時間流の問題が問われてい
ないのです。

金子：その過去把持というのは，われわれのスポーツ実践の現場からいった
　　ら，時間流は過去にどんどん流れて沈んでいくときに，いわばそのわざを
　　やっているときに，何か分からないけれども「あれっ？」という感じに
　　出会うことがあります。しかしそれは，フッサールのいう〈交差志向性〉
　　[*Querintentionalität*] として沈下する単なる「空っぽの枠組み」だけなのでしょ
　　うね。恐らく *Leergestalt*［空虚形態］といった表現を取り上げたのは，その
　　ことじゃないかと思うのですが。

山口：フッサールの時間論で過去把持の〈交差志向性〉というのは，ここに

フッサールによる時間図式を自分流に再現してみますと次のように作図することができます。ここでは,「ソ,ソ,ラ」と順番に音が聞こえる場合を図示しています。

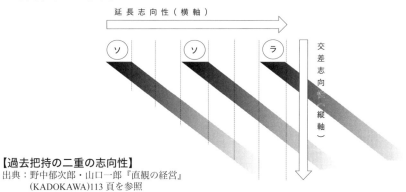

【過去把持の二重の志向性】
出典：野中郁次郎・山口一郎『直観の経営』
　　　(KADOKAWA)113 頁を参照

　　ここで描かれている過去把持の二重の志向性を説明しようとするとき,まずは改めて「志向性とは何か」ということから始めなければなりません。志向性とは,生命体が自分の周りの周囲世界に向けて行っている「意味づけと価値づけ」のことを意味しています。例えば,先ほどの例にあがった「電車の急ブレーキ」で起こった意図を含まない,不随意的な足の動きで隣の人の足を踏んでしまった場合,とっさに「すいません」と隣の人に謝ります。自分の足が隣の人の足を踏んでしまったという「何が起こったか」という起こったことの「意味」がわかり,「申し訳ない」,「謝らなければならないという,起こったことへの価値づけ」をしているからです。無意識に,意識にのぼらずに行っている「意味づけと価値づけ（志向性）」を〈受動的志向性〉と名づけ,意図を含んだ随意運動の場合のようなちゃんと「意識している意味づけと価値づけ（志向性）」を〈能動的志向性〉と名づけているのです。

　　ここで過去把持といわれる志向性は,「どんな意味づけと価値づけ」をしているかといえば,意識している場合であれ,意識していない場合であれ,何らかの出来事が「過ぎ去る」「過去になる」という「意味と価値」を与える志向性なのです。ここで金子先生が,わざをやっているときに,何か分からないけれども「あれっ？」という感じに出会うことがあるとおっしゃるとき,「あれっ？」という感じが過ぎ去ったこと,つまり過去把

持の志向性に残ったこと，つまり「過ぎ去る何かがあったこと」は分かるのですが，それが何であるかはっきり掴むことはできません。しかし，この作図にある過去把持の縦軸に当たる〈交差志向性〉[*Querintentionalität*] にその何かが下に向かって沈澱していったといわれるのです。

金子：それは空虚な「枠組み」だけですから，中身は未だないことになります。その「あれっ？」という〈感じ〉が実践現場ではとても大事にされます。その「あれっ」と感じが何となく気になるのです。今度やるとき，また気になって，その中身を感じ取ろうとします。その空虚な枠組みが「空虚表象」に変わっていくと，じゃあ，どうやってみようかと未来の〈動く感じ〉(ステーゼ)をいろいろと試してみるようになります。この，今いった「あれっ」という過去把持と同居して未来予持があるわけですから，これをどうするかっていう〈連合的動機づけ〉の沸かない選手は見込みがないのですよ。だから，その未来予持を掴んで，それで，未来予持にふっとこう乗りかかることのできるように，選手を触発するのがコーチや教師の役割だと思うのです。そうすれば，それは恐らくその選手は見込みがあるということになります。その路線に乗れる選手が未来の名選手になるのではないでしょうか（笑）。

山口：今年の6月の研究会［2017 伝承研究会］で，加藤澤男先生が講演なさったとき，少年だった先生が回転しながら坂を転がったとおっしゃっていました。あのときの空虚形態が恐らく残っていたのでしょうね。それで，体操の練習をしているときに，またふっと浮かび上がってきたわけです。このときには，過去把持と未来予持が一緒なのですね。だけど，やっぱり，ある種一番肝心なのは，過去把持に残るか残らないかっていうところ，つまり枠組みが残ってくれるかどうかっていうことだと思います。

金子：それこそ意味発生(センス)の決定的な分かれ目だと思います。

山口：これですよね。

金子：少なくとも私たちの発生的運動学としては，どのように〈今ここ〉の統握を，つまりその時間化という時間発生を捉えようとするのですが，山口先生の発生的現象学の方法論としてはどうなっているのでしょうか？

山口：いや，それは同じですよ。もともと発生的現象学では，すでに出来上がっている志向性によるある特定の意味づけと価値づけがどのように，出

来上がって（生成して）くるのかが，「時間と連合と創設 [*Stiftung*]」という観点をとおして問われます。ですから，時間化をとおして意味が生成するという観点は，決定的に重要であることになります。言い換えると，そのつどの時間化をとおしてしか，新たな意味の生成はありえないといわれなければならないのです。

金子：でしょうね。

山口：こうして過去把持に残って，それが未来予持として働き出すことが，新たな意味生成のプロセスとなるのですが，この〈空虚形態〉が過去把持に残って行って，それに気づくようになるという時間化のプロセスについては，哲学の時間の理論，つまり時間論において，他の哲学の立場の人々によってそのまま認められているわけではないのです。

金子：えっ，どうしてなのでしょう？　うーん，意外なこともあるのですね……。

山口：ここで，過去把持の分析は，いま述べましたように，気づかれ，意識された過去把持の分析から始まりました。ですから，先生のおっしゃる「あれ！」といった直接意識にもたらされない空虚形態として過去把持が残っていくことについて，はじめは，分析の手がかりはなく，過去把持は，まずもって意識された過去把持の志向性としてしか理解されませんでした。しかし『時間講義』の頃には，この過去把持の志向性は，すでに通常の自我の働きを含む志向性ではなく「特有な志向性（後の受動的志向性）」としてしか理解され得ないとされたのですが，その特有な働き方が，無意識の連合として理解されるようになるには，1920 年代に始まった，発生的現象学による受動的綜合としての連合が解明され，過去把持の交差志向性における時間内容の連合による生成の解明まで待たれねばならなかったのです。

４ 〈わざの伝承〉に向き合う

山口：先生に重ねてお聞きしたいのは，先ほどの話にあるように，1952 年のヘルシンキオリンピックに行かれ，そのときの 16 ミリ撮影機でとったフィルムから，新しいわざの運動分析をなさいましたね？

金子：はい，1 年もかかって鉄棒の〈大開脚跳び越し下り [*Riesengrätsche*]〉と

いう日本では誰も見たこともない大技を自得しようと苦心しました。

山口：そのときの１コマ，１コマの映像を繋いでいたものは，「いったい何なのか」ということが問われます。この「１コマ，１コマが繋がるかどうか」ということは，この１コマに残っている過去把持と未来予持の在り方が，ある程度自分の身体感覚に残るのでなければ，次のコマに繋がらないと思われます。

金子：確かにそうですね。だからその身体感覚が自らの〈動く感じ〉に過去把持と未来予持として時間化 [Zeitigung] されていなければ，肝心の原発生地平分析は成立しません。しかし，そのとき，そのフィルムの映像シリーズは瞬間像の連続ですから，その間の〈動く感じ〉の〈価値感覚〉[Wertnehmung] が日本の誰一人にも沈澱していないのです。そこに呈示されているのは物的な位置変化という無機質な瞬間的な静止映像だけなのです。

山口：はい，そうですね。

金子：そうすると，目標技の〈大開脚下り〉というわざそのものの〈動く感じ〉の経験者は日本には誰もいませんから，そのキネステーゼ身体感覚がどんなものかも，皆目見当もつかないわけです。だから，キネグラムを見ても，その物理空間の位置とその姿勢変化だけの情報では，どうにもわが身を動かす身体発生の運動基盤が成立しません。それでは，外部視点から物的身体の空時的な位置変化を分析してそのメカニズムを捉える科学的運動分析の抽象的な普遍基盤に留まったままなのです。そこには，〈動く感じ〉の時間を構成化する〈原構造〉いわば「原動感，原感情，原本能を伴う〈原ヒュレー〉の変転のなかの原構造 [Urstruktur]」[Hus.XV. Text Nr.22, S.385]，つまり一元化された原形態化 [ursprüngliche Gestaltung] が欠損したままなのです。だから，バイオメカニクスでその運動メカニズムが開示されても，現実態の身体知能が欠損したままでは，新しい〈動きかた〉の時間発生に向き合うこともできません。そこでは，連合動機づけも連合綜合化の働きも生まれずにその障碍に苦しめられます。前人未踏の大技に向き合う難しさはまさに筆舌に尽くし難い様相を呈しているのです。

山口：そうですよね。とりわけ，先生がフッサールの「原発生の原構造」に関係づけられてお話のように，フッサールが発生的現象学において，私たちが身体運動を身につける過程を解明しようとしていることを，まずここ

で確認しておく必要があると思われます。先生が〈大開脚下り〉を習得な
さろうとしたとき，その目的とされたのは，「わが身を動かす身体発生の
運動基盤」の獲得でした。フッサールは，本能的運動のような意識をとも
なわない不随意運動であれ，わざの習得のための意識をともなう随意運動
であれ，すべての身体運動は，〈意味と価値〉に向かう〈志向性〉によっ
て成り立っていること，そしてすべての志向性は，その「発生の起源と目
的」をもつとしています。ですから先生のおっしゃる「身体発生の運動基
盤」というのは，一方で，本能的運動が発生するとき［乳幼児の運動］の〈受
動的発生〉と，他方で，わざの習得の場合の〈能動的発生〉という二つの
発生の観点から考えられなければなりません。このとき，先生が引用され
た「原動感，原感情，原本能を伴う〈原ヒュレー〉の変転のなかの原構造」
とは，まさに乳幼児の本能的運動が発生する受動的発生のもっとも始原的
な根源を指すことから，いわば，〈受動的原発生〉ともいえ，その意味で，
「動感，感情，本能，ヒュレー，構造」のすべてに，根源の意味での〈原〉
が付され，「原動感，原感情，原本能，原ヒュレー，原構造」と呼ばれて
いるといえます。しかも，わざの習得は，随意運動の繰り返しによりま
すので，〈能動的発生〉として新たな身体知能が生成すると考えられるか
もしれませんが，「身体発生の運動基盤」である「受動的原発生における
原動感，原感情，原本能を伴う〈原ヒュレー〉の変転のなかの原構造」に
なる，いいかえれば，本能的運動という「受動的発生」になることなしに
は，新たなわざの習得は実現し得ないのだと思われます。これがわざの習
得の難しさであり，伝承の難しさの本質をなしていると思われるのです。

金子：おっしゃることはよくわかります。しかも，その当時，その原ヒュレ
ーの身体感覚が一元化される原構造，つまり根元的なキネステーゼ形態化
がどのような〈動く感じ〉に統一化されていくのかは，未だ日本では誰
も知らないわけです。それを誰に聞いても全然分からないし，遂行自我
[*Vollzugs-Ich*]としての本人もその価値感覚を捉えるには，雲を掴むような儚
さに悩み続けることになります。また，何か感じても言いたくない原ヒュ
レーの心情も働きます。それは選手にとってはまさに一つの貴重なパテン
ト権となるからです。それは，受動綜合化する〈追創設〉をめぐる技芸伝
承のややこしいところでしょうか。そこには，伝承社会の難しさが潜んで

います。その意味核を話したい我汝仲間化 [*Ich-Du-Vergemeinschaftung*：『わざ伝承の道しるべ』§3‐(c) 40 頁] という〈出会い現象〉こそが技芸伝承の核心になってくるのはこの意味においてなのではないでしょうか。

山口：それは国の内外を問わずにですか？

金子：わざ伝承の仲間化連関が成立しているところではそうなってしまうようです。

山口：そうですってね。日本が団体で金メダルを取るといっても，最終的には個人なのですね。

金子：はい，もう最後はね。だから，昔，剣の世界でも流派とかあるでしょう？

山口：はい，ありますね。

金子：そのような流派や宗家一門における仲間化現象は，すべてその身体感覚の伝承世界に繋がっていますから。

山口：そうですよね。

金子：だから，その流派の師匠は自ら微妙な身体感覚の道しるべをわざわざ教えないのです。その弟子が正鵠を射た業を呈示したときに，「よし」としか言わないわけです。だけど，師匠はその弟子の意味核がどの道しるべを追っているかを知悉しているのです。それは，一元化形態発生の確たる道しるべを自らすでに現実態として持っていますから。そこで，最終的にその身体知能の存在を認めるのが〈印可〉ないし〈免許皆伝〉ということになります。私たちの競技指導の実践世界でも同じことなのです。しかし，その科学的な運動分析や外部視点からの行動観察がすべての昨今では，コツやカンの意味核が受動綜合化する〈沈黙する具体化〉[*stumme Konkretion: Hua.VI.§55, S.191*] は欠損していますから，監督やコーチと選手たちとのキネステーゼ身体感覚世界は乖離したまま放置されるのです。キネステーゼの働く感覚論理の伝承ということを改めて主題化せざるをえないのはこの意味からなのです。

山口：まさにその通りですね。そして，ここで，この感覚論理の伝承のためにも，まさにフッサールのいう「沈黙する具体化」が何を意味するか，確認しておく必要があると思います。フッサールがこの「沈黙する具体化」という言葉を使うのは，『ヨーロッパ諸学の危機と超越論的現象学』のなかで，「他者の身体運動」をも含めた「他者の主観」がお互いにどのよう

に確認されるかを問うたときでした。そしてそのときフッサールが出した解答が，〈原自我 Urich〉が〈沈黙する具体化〉をなしているからだ，という解答でした。ところがこの〈原自我〉そのものは，時間を超えていて，それそのものが時間になる，つまり時間化することはありません。ここでいう〈具体化〉というのは，「時間化し，身体発生の運動基盤が生成する」ことに他なりませんので，具体化するのは，そもそも時間化することのない〈原自我〉ではなく，「豊かな具体性における我であるモナド」（『デカルト的省察』邦訳 125 頁参照）がこの〈沈黙する具体化〉の担い手であることになります。ですから静態的現象学で考えられていた純粋自我が，発生的現象学において時間化をへた具体的な身体性に及ぶ歴史的具体性を備えたモナドとして理解されており，その〈具体化される仕方〉が，容易に言葉にされることのできない〈沈黙した具体化〉である，とされるのです。

金子：沈黙する具体化を自我ではなく，モナドが担うという補足，ありがとうございました。先ほどの議論の続きになりますが，ここで，マイネル教授がその遺著『スポーツ運動学』で指摘した「運動経験の伝承」[Bewegungslehre, 1960, S.21f.] の〈墓場論〉が前景に立ってくることになります。そこにこそ私たちのスポーツ運動学には，フッサール発生的現象学の時間化分析，いわば山口先生がいつも強調される時間発生の現象学的分析を欠くことができないことになります。拙著『わざの伝承』(2002) 以来，いつも発生的運動学が主題化されるのはこのような背景をもっているのです。ですから，競技スポーツ領域でもスポーツ教育領域でも，そこで主題化される〈運動伝承〉というキネステーゼ身体発生論は重大な意味をもってくるのです。当然ながら拙著『スポーツ運動学』で伝承発生の問題は第 1 章 [45~59 頁] から立ち入った学問論的考察が開示されていますし，講義禄としての『身体知の形成』[講義 196~201 頁] でも，『身体知の構造』[講義 1：18 頁以降 / 講義 4: 72 頁以降] では入門的解説が述べられています。ここでその運動伝承の〈墓場論〉の全体を繰り返すこともできませんが，マイネル教授はその遺著（1960, S.21：邦訳 (1981) の 9 頁参照）で次のように述べています。「運動経験というものが個人の束の間の所産でしかなく，その個人と一緒に墓場に葬られてしまうのであれば，道具の絶えざる改良や［その感覚経験の］伝達はどんなに妨げられたことであろう」と指摘し，「言語

というものは単に自分や他人の労働の動きかたをよく考えて把握したり，人から人へと経験を交換し合ったりするのを可能にするだけでなく，世代から世代へと運動経験を保存し，伝達することも可能にする」のだとマイネル教授はいみじくも書き遺しているのです。

　しかし，この言語化しにくい微妙な〈動きかた〉のコツやカンを他人に伝えることの困難さは，古代中国の荘周の思想にまでも遡るほどの難問であることはいうまでもないことでしょう。それどころか，コツやカンの一元化された間身体的意味核は，苦心を重ねてやっと身体化できた貴重な個人的財産ですから，その動感（キネステーゼ）意味核は当然ながら〈秘伝性〉を潜めていて，滅多に口外しないことになってしまいます。それは自らのパテント権になりますから，わが国でもその技芸（わざ）の伝承が門外不出として宗家や流派が成立してきたことはよく知られています。こうなると，技芸の極致を現実態（エネルゲイア）とした〈身体知能〉の保持者たちは，その貴重な伝承財を秘伝化したくなるのは当然かもしれません。こうして，免許皆伝する弟子にも恵まれずに，その貴重な運動感覚の身体経験それ自体は，その本人の肉体と共に墓場に葬られて，この世からその運動感覚システムの究極意味核（キネステーゼ）までも消滅してしまうことになります。マイネル教授がこの貴重な運動文化の伝承財を墓場に葬ってしまう不明さを指摘しながら，その運動感覚の身体経験（キネステーゼ）の墓場論をスポーツ運動学の身体発生基盤に据えたのです。

　それから，もう半世紀以上のも歳月が流れていても，競技領域におけるその謎に満ちたコツやカンの身体発生（フュジオゲネーゼ）［拙著：『わざ伝承の道しるべ』§28, 235〜236頁参照］，いわば運動感覚（キネステーゼ）の時間化分析に何の関心も払われないままです。いうまでもなく，その源流はフッサールの超越論的現象学にあるとしても，わが国の室町時代以降に芸道や武道の身体経験が伝承世界に主題化されていたにもかかわらず，この無関心ぶりは何なのでしょうか。折しも，現代の競技スポーツも，世界的にプロ化の道を辿り始めていますから，そのパテント権の発生をめぐって，再びキネステーゼ身体発生論を秘伝化する傾向を強めているのが現状ではないでしょうか。それにしても，運動文化の伝承世界のなかにフッサールの運動現象学のなかに新しい身体（ビュシス）発生の道を模索する仲間はどうして声を挙げないのでしょうか。

山口：ここで当然のことといえますが，「発生という言葉で問われている」

のは，その発生は自分のなかに生まれてくるということと同時に，「他人のなかではどう生まれてくるのか」ということも意味されていますね。

金子：はい，もちろん先生のいわれる通りです。スポーツの発生運動学における発生領野では，自己時間の構成化という発生領野と他者の自己運動の時間発生領野がいつもすでに絡み合っていますから，そこには一般に〈共握〉と邦訳されている *Komprehension* [拙著：『運動感覚の深層』§42 参照] という他者運動の時間化を同時に感じとる身体能力が求められることは当然のことです。他者運動の自己時間化に自らの動く感じを移し入れることができなければ，味方の相手にパスすることも，敵方の他者にフェイントを掛けることさえできないからです。フッサールはこの *Komprehension* を『イデーン II』で多用していますが，スポーツ運動学では，この原語が感覚質に深く関わるので，感覚印象を前景に立てて〈共感〉として取り上げています。もちろん，この〈共感〉の訳語は，単なる心情的な同情ではなく，マイネル運動学の〈運動共感〉[*Mitvollzug der Bewegung*] であり，動感的共遂行という〈身体移入〉[*Einleibung*] も意味されているのです。むしろここでいう〈共感志向性〉[*comprehensible Intentionalität*] や〈共感能力〉[*komprehensible Vermölgichkeit*] という表現の意味は，ヴァイツゼッカー [*Weizsäcker, V.v.: Anonyma (1946), S.61f.*] における〈移入経験〉[*transjektive Erfahrung*] の概念を基柢に据えて，自らの動く感じの身体経験を他者の自己運動に移し入れる可能性を含意させようとしています。しかしながら，この〈動く感じの絡み合う身体感覚〉は，それが通じる人と通じない人がいるのです。だからといって，その情報を数学的な確率論で正確に予測しようとしても，ボイテンデイクのいうように，それはまったく無意味なことなのです。

山口：そうでしょうね。この〈感情移入〉[*Einfühlung*] の概念ですが，もともと，他者の主観をどこまで共有できるか，という相互主観性の問いから始まり，能動的に自分の主観を移し込むことで生じる困難にぶつかり，気がついたときには，すでに共感が成り立っていたという感情移入の受動的生成が露呈されることで，相互主観性の問いが解決されたという経緯を観て取ることができます。ということは，感情移入は，受動的発生と能動的発生の両視点から考察されねばなりません。ですから，先生のおっしゃるマイネル運動学の〈運動共感〉[*Mitvollzug der Bewegung*] と〈動感的共遂行〉という〈身

体移入〉[Einleibung] は，受動的発生を前提にする能動的発生からみた感情移入として理解することが適切であると思われます。

　ところで，ここで先生にお聞きしておきたいことが一つあります。それは，先生がどのようにして直接，フッサールのテキスト（原文，訳文を含めて）に接してこられたのか，とりわけ，接触された当初，特に興味をもたれて読まれたフッサールの文献はどのような文献であったか，ということです。先生は今のお話で，『イデーン II』で使用されている Komprehension の概念に言及され，それがスポーツ運動学で〈共感〉にあたる，とおっしゃっています。また 2002 年に，それ以前の『スポーツモルフォロギー研究』でお書きになった諸論文を加筆訂正，および書き下ろし論文を加え『わざの伝承』を出版なさいました。そこでのフッサールのテキストの参照箇所を拝見しますと，邦語訳されているテキストの他に，Phänomenologische Psychologie, Husserliana Bd. IX 付論 25 で使用されている〈間モナド的連関〉[intermonadischer Zusammenhang] の概念に言及され，フッサールのモナド論に関しては，Zur Phänomenologie der Intersubjektivität II Teil, Husserliana Bd. XIV の付論 21 で，「モナドの本質とその実存が不可分である」ことについて言及されています。この『スポーツモルフォロギー研究』第 1 号の出版は，1995 年です。この時期を前後して，フッサールのテキストに直接，向き合うことになったということなのでしょうか。

金子：『わざの伝承』の〈あとがき〉をお読みになってのご指摘と思われます。お読みいただきありがとうございます。ところが，ご指摘いただいたフッサールのテキストのことが思い出せなかったもので，自分で Phänomenologische Psychologie の本文の引用箇所を調べてみました。するとその箇所に下線が引かれていて，自分で読んでいたことがはっきりしました。ということは 1990 年前半には，フッサールのドイツ語原文を探索していたことは確かですが，私のフッサールへの関心は，もっと遡り，はっきり覚えているのは，1970 年 4 月に刊行された『世界の名著 51 ブレンターノ／フッサール』のフッサールの著作，特に『危機書』（『ヨーロッパ諸学問の危機と超越論的現象学』の略記）に感激し，大学での会議の時間を盗んでまでも，繰り返し，没頭して熟読したことです。そこには，そのころ私の中心的な問題の一つである科学主義的な世界観によるサイバネティクス運動学の呪縛に対する，哲学的な徹底した原理的批判が展開されていたからです。その 10

年前，1960 年出版のマイネル教授の『運動学』の翻訳にあたって，ボイ
テンデイクとヴァイツゼッカーの思想に深く関わるにつれ，マイネル教授
の「モルフォロギー運動学」の背後にフッサール現象学が息づいているこ
とが，明確になってきました。モルフォロギーの概念について，フッサー
ルはすでにその『イデーン I』の 356 頁では，「私たちは，体系的で形相
的なモルフォロギー [*Morphologie*] を企図し，あらゆるところで本質必然性
[*Wesensnotwendigkeit*] と本質可能性 [*Wesensmöglichkeit*] を際立たせる」(*Hua.III, S.356*)
と述べ，形相的モルフォロギーとしての現象学を提起していることに驚か
されました。また，ヴァイツゼッカーの『ゲシュタルトクライス』のフラ
ンス語訳をしたアンリ・エーは，その解説の箇所で，ヴァイツゼッカーの
思想を正しく理解するためには，メルロ＝ポンティの『行動の構造』や『知
覚の現象学』を通じて，フッサールの発生的現象学に立ち返ることをフラ
ンスの読者に助言しているのです。

⑤ 身体感覚こそ命綱となる

山口：ありがとうございました。先生がフッサールの著作とどのようにかか
わってこられたか，スポーツ運動学研究との密接な関連とその結びつきの
必然性に感嘆の念を禁じえません。とりわけ，『危機書』との感激的出会
いを先生とともに共有しえていたことに大きな感慨を覚えます。
　さてでは，いよいよ，先生が，1 年かかって鉄棒の〈大開脚跳び越し下
り [*Riesengrätsche*]〉という日本では誰も見たこともない大技をお一人で習得
なさった後，そもそもどのようにしてマイネルのスポーツ運動学にたどり
着かれることになったのか，お話をおうかがいできますでしょうか。

金子：それはちょっと長い話になってしまいます（笑）。

山口：そこのところがものすごく興味のあることです。まずもって，コツと
カンによって自分で工夫する他ないケースが本当に山ほどあって……。そ
れに厳密な学問性がかかわってくるときの，そのかかわり方のある種の必
然性と，それからそうせざるをえない実践的な必要性があると思うのです
が……。

金子：まさに先生のおっしゃる通りなのです。そのコツとカンが一元的に働
かなかったら，いわばフッサールのいう〈二形統一態〉[*Zwittereinheit*『運動

感覚の深層』§77 - 237 頁］でなければ，わざはまったく成立しません。それに対して，今どきの映像分析法［キネマトグラフィー］は進化して高速撮影による運動分析が主流なのです。東京オリンピックの頃では，せいぜい 200 コマくらいで運動分析をしていました。それが現在のデジタルテクノロジーでは 1 秒間に百万コマどころか 1 兆コマの瞬間静止映像を捉えることが可能になっているのです。そんなになったら，その瞬間の静止映像と次の静止映像との違いは皆目見当もつかなくなってしまい，いわば，動く感じの生き生きした身体運動か捉えられるはずもないのです。その静止像の膨大な連続データのなかに，どのようにして生き生きした〈動きつつある感じ〉を読み取ることができるというのでしょうか？

山口：そこには，動きはまったく見えないですよね。

金子：そうですね。それはまったく同じような静止像の連続なのですから……。スポーツの発生運動学には，そのような映像分析法［キネマトグラフィー］はまさに無用の長物でしかないのです。どんなに捉えようと思っても，そこに〈動く感じ〉を見抜くことはできないのです。そこで分かるのは，視知覚では捉えられない素早い物体運動の移動現象だけです。そこで，どう動くのかというコツやカンは開示されるはずもないから，その超高速分析データから〈動く感じ〉の志向性分析は不可能なのです。私たちの発生的運動学が求めているのは，自らの身体を「どのように動かすのか」という「動感メロディー」［キネステーゼ］の謎を開示することなのです。つまり，その目標とするわざの〈声なき声〉［西田幾多郎：『働くものから見るものへ』序，岩波文庫］がメロディーとして流れるのを自ら聴きとれる [Hinhören-können] ことこそ本質分析でなければならないのです。

　とはいうもの，実をいえば私は，〈わざの狂い〉を得意にした迷選手だったのです。ヘルシンキ五輪の代表選手選考会のときも，鉄棒の宙返り下りで苦労したことはすでに話しました。ヘルシンキから帰国してから，苦労してやっとシュワルツマンの大技を身体化しました。それを武器にして，初の日独国際競技会 (1953) の予選を通過して日本代表選手になったのです。ところが，その大開脚下りの本場ドイツからきた 3 人の選手の鉄棒の下り技は私が苦労して身に付けた〈Riesengrätsche〉［リーゼングレッチェ］だったのです。

　ヘルシンキの試合場で撮ったシュワルツマンの下り技をキネグラムにし

て苦労して身に付けたわけです。それから1年以上たっていますから，生身の大開脚下りを目にした感覚記憶は薄れてしまっていました。ところが，来日した3人のドイツ選手は，シュワルツマンのわざ捌きとはそれぞれ少しずつ違った動きかた [sich-bewegende-Weise] をしていたのです。折角この国際試合の代表になれたのも，その大開脚下りの出来映えが日本では初めてだったからなのです。とすれば，そのわざを使わないわけにはいかない羽目に追い込まれていたのです。焦れば焦るほど，どうしても手が離れなくなってしまいました。そうしたら，そのドイツのヘルムート・バンツ [H. Bantz] という選手が「お前，考えるな！」自分の身体で「感じなきゃ駄目だ」と助言してくれたのです。

山口：ドイツの選手がそういうこというのですか！

金子：「考え込むな！」といって，私の腕を抓って「この身体で感じるのだ」と何回も繰り返すのです。

山口：そんなことをするのですか！

金子：ええ。いわば〈どのように動くのか〉を考えずに，自分の動く感じの「流れを感じとれ」と繰り返すばかりです。論理好きのドイツ人だから単なる感覚でなくて，力学的なメカニズムを教えてくれるのかと思っていただけに，私はそれに一驚してしまったのです。それで，「へぇー，感覚か」と思って，その試合が終わってから〈動感メロディー〉がすごく気になり出したのです。これが今の発生運動学への私なりの〈目覚め〉だったようです。その当時でも「感覚でものをいうな」といわれて，感覚という表現には何か侮蔑感がつきまとっていた時代だったからです。

　しかし，わが国伝来の芸道においては，コツとかカンが一元化された身体感覚というものは決して批判されるような対象ではなく，その一元化こそ道しるべとして大切にされてきたのは周知の通りです。コツとカンというのは，発生運動学的にいえば，本来的に一元化されていますから，二つの別個なものじゃなくて，いわば二形という共存を排除し合う相互の〈具体的二形統一態〉[eine konkrete Zwittereinheit] なのです。これを別々に考えるうちは，まだ初心者なのです。ですから，全てが一元化された〈意味核〉みたいなものがあって，それを身に付けない限り，目標技は現実態にならないことになります。としたら，いくら科学的なデータが示されても，

可能態の身体能力そのものが息づいてきません。そこで，回転効率がどう
だとか，いろんな力学的な法則をいわれて，それを知的に理解しても，直
に身体発生の運動基盤は成立しないのです。

山口：それは，まさに畳の上で泳ぎの練習をするようなものですね。

6 〈わざの狂い〉とその指導実践

金子：まさにそうですね。その翌年(1954)にローマで体操世界選手権が開催
され，幸いに日本代表に再び選ばれ，そのチーム選手権ではソ連に次いで
銀メダルがとれました。それは，ヘルシンキ五輪のような削除点なしの5
人だけのチームではなく，6人の正選手が派遣され，チームとして一人分
の削除点を持てたから，ドイツやスイスなどの強豪を破って2位になれた
わけです。しかし，ソ連とは大きな差を付けられました。それから，日本
の体操はソ連をどうして破るかが喫緊の課題になり始めました。しかし，
その2年後の第16回メルボルンオリンピック(1956)の最終予選直前に，
私は右肘を骨折し，二度目の五輪代表を断念せざるをえなくなりました。

山口：1956年のオリンピックですか。

金子：そうなのです。ところが，その翌年に日本体操協会から連絡があって，
日本の男子チーム監督を依頼され，ナショナルコーチの道を歩き出すこと
になったのです。正直にいって，現役選手としてはオリンピックと世界選
手権の日本代表だったとはいえ，〈わざの狂い〉や怪我に苦しめられた苦
い経験しかもっていない監督では，さぞ苦労するだろうと覚悟せざるをえ
ませんでした。

　次の世界選手権(1958)はモスクワで開催予定でした。その4年前のロー
マ世界選手権(1954)では，ソ連に大きく差をつけられただけに，その次の
1960年のローマオリンピックの前哨戦の意味をもつとして，日本体操協
会からはそのことをしっかり念を押される羽目になっていました。ところ
が，モスクワに出発する日が近づいてきたときに，思いがけないアクシデ
ントが起きたのです。6人の正選手のうち4人までも，鉄棒における規定
演技の宙返り下りが突然狂ってしまったといい出したのです。これでは，
とてもソ連チームに太刀打ちできるはずもありません。前回のローマ世界
選手権で大量の点差を付けられて，そのリベンジを目論んでいただけに，

そのショックは大きかったわけです。

　そこで私は，フィンランドの選手たちの発案による鉄棒の木屑ピット場を使おうと決心しました。その鉄棒の木屑ピットはすでにヘルシンキ五輪から帰国して，すぐに作ってあったからです。それは，すでに述べたように，私自身がシュワルツマンの「大開脚下り」を練習するためのものでした。そのときのピット場が宙返りの〈わざの狂い〉に効果あると思ったわけです。万一失敗しても怪我をする心配はないから，手が離れなくなった選手たちは直ぐに昔のコツとカンを取り戻せると単純に考えていたのです。

山口：木屑のピット場ですか。今ではスポンジ片を沢山入れたピット施設ですね。

金子：そうです。万一頭から突っ込んでも，怪我をしないようになっています。そこに代表選手に来てもらって，4人の選手の修正に着手したのです。その中にはメルボルン五輪 (1956) の鉄棒で金メダルをとった世界的な小野喬選手も入っていたのです。世界的な名選手でも〈わざが狂う〉という動感消滅が起こる不思議な出来事のあることを思い知らされました。そのような日本代表選手の4人はみんな宙返りで手が離れずに，その原因はそれぞれに違うわけです。

山口：ずっとやって，予選を通過してきたにもかかわらずですか……。

金子：もうすでに過酷な予選を何回も通過して日本代表に決定した後で，この〈わざの狂い〉に見舞われることに内心びっくりしていました。ヘルシンキ五輪の最終予選で私も苦しめられたことはすでに述べました。責任あるコーチとしてモスクワへ発つ直前なので，もうそれは待ったなしの緊急アクシデントで，まったくのお手上げの事件でした。ところが，私自身も狂ったわざに苦悩した〈身体経験〉をもっていたのが幸いしたのかもしれません。それは多少専門的になりますが，鉄棒で宙返り下りに入る前には，順手車輪を加速して楕円車輪にします。その宙返り直前の楕円車輪で，宙返りの開始局面のポーズをしっかり感じ取ることが絶対に不可欠な私の〈究極意味核〉だったからです。その後の〈腰あふり〉と〈肩あふり〉は受動綜合化に任せても，自らの動感身体感覚が勝手に作動して雄大な宙返り下りができることは，私自身も経験済みのことでした。ですから，手を離す瞬間の局面に意識が停滞すると，どうしても手は離れなくなってしま

うことは，私の苦い経験から得た〈モナド意味核〉でした。とはいっても，その意味核が間身体的な可能態になるかどうかは確信できてはいないのです。しかし，もう待ったなしの情況に追い込まれていたから，そんな悠長なことはいっていられません。昨今の運動現象学的分析でいえば，〈近接キネステーゼ〉[*Nahkinästhese : Hua. XIV. Text Nr. 36 S.544*]の今ここの意識から解放されなければならない出来事と捉えて，予備的に〈感情移入分析〉から入っていたことでしょう。

　そこで，苦しんだ末の私の確信に基づいて，4選手への最初の指示は宙返りに入る直前の開始局面の確認でした。発生運動学の用語を使えば，その動感メロディーの開始局面の〈今ここ統握〉の確認になります。その後の二つの〈あふり作用〉は〈受動綜合化〉に任せるまでです。わざの狂った4人の選手たちはこの楕円車輪の確認はそれぞれに知ってはいても，その絶対的なノエマ志向対象には至っていない曖昧なものでした。しかし，この宙返り下りは万一の場合に生命の危険をともないますので，それぞれの選手たちに安全な着地を保証できる木屑ピットが不可欠だったのです。こうして狂ったキネステーゼ感覚を修正する段階に入ったのです。ピット場による着地の安全保証を前提に，〈離手局面〉からの近接動感意識解放には二つの〈腰あふり〉と〈肩あふり〉のシステム化された〈キネステーゼ感覚メロディー〉を構成化する確認に入っていきました。さすがにみんな一流選手ですので，みるみる〈動感メロディー〉の構成化に成功し，離手局面の恐怖から解放され始めました。規定演技の宙返り下りは新しい動感メロディーによって以前のような安定さをしっかりと確信できるようになったのです。

　この問題解決の核心は，宙返り開始直前の今ここ統握の時間化局面の確認を前提として，あふり作用の動感メロディーをシステム化して受動綜合化に持ち込んだ時間化分析にありました。このような問題圏は戦後に急速に導入された科学的な運動分析やメンタルリハーサル分析ではなく，それと区別された別種な運動現象学的分析であることは今ではもう周知のことでしょう。同じように宙返りのときには，手を離す局面は〈受動綜合化〉が作動しますから，手は勝手にバーを放してくれることになります。確かに，宙返り下りは万一の失敗が生命的危険をともなうだけに，どうしても

そこに気が留まりやすいのです。かといっても，それを自由無碍の無の境地に持ち込むのはさらに修行を積んでからのことで，別問題になります。

山口：その直前ポーズの〈今統握〉[Jetzt-Auffassung] を捉えるというか，その〈ここ統握〉[Hier-Auffassung] の局面だけを確認できれば，後は動感メロディーの受動綜合化に一切まかせうるということになるのですね。

金子：その通りなのです。その宙返り下りというわざに入る直前の開始局面を自らの身体感覚で確信できるようになれば，この宙返り下りの動感メロディーシステムの特性を生かして，離手局面の〈動感形態化〉そのものの働きを受動綜合化として解放できることになります。怖くて手が離れないという現象が単なるメンタル的な問題としてだけですべてを解決するわけにはいかないことは指導実践の現場としては周知のことなのです。メンタル的な構えさえ改善されれば，身体技能の現実態が同時に発生するほど，キネステーゼ身体感覚は単純な〈動感システム〉ではないのです。それどころか，コツとカンが同時に働いていても，カンが働くときにはコツは沈黙したままで作動しているのです。むしろ，可能態の身体能力のキネステーゼシステムがサイバネティクス的システムとの違いこそ開示されなければなりません。この問題圏は私の身体という固有領域が物的身体と心的身体が絡み合った身体発生基盤にあることになります。

山口：もう一度確認させていただきたいのですが，「手を離す瞬間」に注意が向いてしまうと，怖くて離せなくなるということは，自我に発する能動的志向が，その瞬間に向かい，それを対象化し，ノエマ化してしまうことを意味します。ちょうど，素早く動いているムカデがどうやって足を早く動かしているのか聞かれて，説明しようとしてこんがらがって動けなくなることに似ています。ですから，「離す瞬間の注意」から解放されるために，その直前の局面である「楕円車輪のポーズ」の確認に注意を向けたということですね。このとき，先生は，「宙返り開始直前の今ここの時間発生とあふり作用の動感メロディーの発生」とおっしゃっています。このとき，「離す瞬間」への注意が，それ以前の「楕円車輪のポーズ」に注意を動かすことで，その「離す瞬間」から解放されるということ，一般的にいうと，ある特定の運動感覚の時間位相への注意が，別の時間位相へ移動することで，つまり注意の焦点の移動によって，本来の意識にのぼらない受動的綜合に

よる身体運動が活性化されることに，どのようにしてお気づきになられた
のでしょうか。先生にとって，もっとも基本的な経験内容であるかもしれ
ませんが，ご説明ください。

金子：すでに前段でも指摘しておきましたが，それはフッサール全集の XIV
巻 [Text Nr: 36:S.544] で「外的物体と身体物体の構成 [Konstitution der Bewegung von
Aussenkörpern und Leibkörper]」として主題化されている問題圏に開示されてい
ると思われます。つまり「すべての場所と間隔は，私の身体とその遠隔キ
ネステーゼに関して構成的関係をもち，この身体と遠隔キネステーゼには，
すべての近接キネステーゼが同時に入り込み，その結果，全キネステーゼ
が遠隔キネステーゼという一つの働きかたをもつことになる」と述べて，
間隔知覚の実在化では，全動感身体が遠隔動感に一元化して働くこと
がすでに指摘されています。

　日常生活でも，例えば，水溜まりを助走して跳び越すときに，水溜まり
直前の踏切り位置を，つまり〈どこで〉〈どのように〉踏み切るかという
ことに気をとられたら，その助走の勢いは一気に削がれてしまい，とても
水溜まりを跳び越せなくなる身体経験はよく知られています。そこでは，
ジャンプに入る直前の位置感覚は眼で確認するのではなく，さらに近接
動感の踏み切る触覚的筋緊張は自らのキネステーゼ身体感覚が受動的に
働いてうまく跳び越せるのは競技領野では周知の一元化意味核なのです。
鉄棒で見事な着地を決める選手は，先読みのカンと着地の筋緊張のコツは
同時に一元化された身体発生能力として，その〈今ここ〉の時間化が求め
られているのです。

山口：ここは，とても重要な箇所と思えますので，少し，意図的に，ゆっく
り考えてみたいと思います。先生のおっしゃるように，普段，問題なくこ
なしていた車輪で，手を離して宙返りして着地していたのに，試合前にな
って急に「手が離せなくなった」のは，練習のさい無視されていた「落ち
る恐怖」が頭をもたげ，普段の運動（動感キネステーゼに即して流れるよう
な運動）が瓦解してしまったのだと思われます。このとき，問われるのは
次の三点になります。

　1）どうして，試合前に普段はもつことのない「手を離すときの恐怖心」
に捕らわれるのか。そのとき想定される解答として，「試合で失敗は許さ

れない」という思いが，「勝ちたい」という思いとともに，立ち上がって
きてしまうことが考えられます。失敗しないためには，「いつ，どのように，
手を離すべきか」というところに本能的に自分の注意が向かってしまうの
でしょう。これはいくら練習を積んでいても，根本のところで時間の流れ
を流れにしているのが本能志向性であり，決して失敗してはならないとい
う危機的状況には，その本能のもつ本来の最強の触発力が意識に訴えかけ
てくると考えられます。

　2）どうして，「手を離す瞬間」からその直前（ほぼ時間にして 0.5 秒前ぐ
らいでしょうか）の「楕円車輪のポーズ」に注意を向け変えることで，受
動的に出来上がりずみの〈動感メロディー〉に委ねることができたのでし
ょうか。想定される解答として，直前の「楕円車輪のポーズ」に注意を向
けるとき，「手を離すその瞬間」に同時に注意を向けることはできないの
で（フッサールは，「意識は，一時に一つのことにしか意識できない」［『受動的
綜合の分析』邦訳 276 頁を参照］と直接的意識体験について語ります），「楕円
車輪のポーズ」に注意を向けたとき，その後の「手を離すこと」は，同時
に意識されることがないので，その後の〈動感メロディー〉に任せること
ができるようになるというものです。いわば，意識の単一焦点化を利用し
て，焦点化による対象化（能動的綜合化，ノエマ化）から免れた他の受動的
綜合の層，ないしメロディーが，純粋にそのまま無意識に働く可能性を開
くということができないでしょうか。このとき，「手を離す直前」でなけ
ればならないということは，例えば，直前よりより以前の，「楕円車輪ポ
ーズ」に入る，一周前（例えば 1 秒前）の車輪のポーズに注意を向けても，
そのときから「手を離す瞬間」までの時間が空き過ぎていて，そのあいだ
に「手を離す瞬間」への恐怖が生じてしまう可能性があります。というこ
とは，「手を離す瞬間」に注意を向ける時間（暇）がないほど，その直前（こ
の場合，0.5 秒以内の「楕円車輪ポーズ」）でなければならないことになります。

　3）先生のご説明による「近接キネステーゼ〉[*Nahkinästhese: Hua. XIV. Text Nr.
36 S.544*] の今ここの意識から解放されなければならない」ということと，
「間隔知覚の実在化では，全動 感身体が遠隔動感に一元化して働くこと」
について，さらにお尋ねしたいのは，以下の三つの質問です。

質問①：確かに近接キネステーゼが遠隔キネステーゼに一元化されていく

プロセスは，時間意識の分析を介して解明されています。過去把持の交差
志向性に近接キネステーゼが，沈積していくことで説明できます。しか
し，このことと「近接キネステーゼの意識から解放されること」とは，別
ごとではないでしょうか。「手を離す恐怖」という本能に結びついた強力
な触発力をもつ近接キネステーゼに自分の注意と意識が奪われるとき，「全
動感身体の遠隔動感への一元化」は，容易なことではないと思われます。

質問②：上に述べた「別ごと」ということは，先生のお出しになっている
「走り幅跳びの踏切りの場合」，「足が出たらどうしよう」という不安は，「踏
み切る時の足を見ない」ということだけで解消するでしょうか。触覚的筋
緊張と身体全体の動感との一元化も受動的綜合をとおしてよく理解できま
す。ただしそれは，失敗の恐怖に襲われない場合であり，試合の直前に，
その恐怖に襲われたとき，どうするか，というとき，踏切りを見ないだけ
で，この恐怖から解放されるのでしょうか。この解放の可能性の一つとし
て，車輪の宙返り下りの時の手を離す直前の「楕円車輪ポーズ」への注意
に相応する，踏切り直前の数歩前の「自分の走りの動感と筋緊張」に注意
を向けることが，「踏み切る時の失敗の恐怖」から解放される，と考える
ことができるでしょうか。ご意見をお聞かせください。

質問③：この問題を，「無心における運動」という観点から考えてみますと，
次のような問いが立ち上がってきます。沢庵が柳生宗矩に教示するとき，
「どこにも気を留めてはならず，全身に気が流れているのでなければなら
ない」という教えがあります。通常，相手の刀を前にして，「切られると
いう恐怖」に捕らわれることは必至とされます。そのとき，それに捕らわ
れるなということは，言うは易しで，実際には，容易ではありません。オ
イゲン・ヘリゲルの無心の弓にしても，弓を張っていって，「いつどのよ
うに矢を放つか」という疑念が生じた瞬間に，呼吸への集中は，途切れ，
無心の弓は崩壊してしまいます。

　ここで思い出すのは，鈴木大拙が『禅と日本文化』で，果たし合いにの
ぞまなければならない老婆に，剣の指導者が「これは相打ちで終わるだろ
うから，目をつぶって，刀を上段に構え，顔（身体）に相手の刀が触れた
と感じた瞬間に刀を降り落とせ」という指示を与え，相手がこの老婆の隙
のなさを恐れて退いた，という話があります。とはいえ，何れにしても，

無心はなかなか実現し難く，「無心の運動」は，いわば実現されるべき目標であって，「わざの狂い」が生じるときのそれに対する工夫は，目標実現に向かう途上における工夫という意味をもつことになります。このように考えてよろしいのでしょうか。

金子：貴重なご指摘と鋭いご質問に一驚させられてしまいました。それにお答えするためには，多少専門的なわざの通時的淘汰化領野［拙著『スポーツ運動学』，276頁以降参照］に入らざるをえなくなります。というのは，競技体操の〈車輪から宙返り下り〉という動感メロディーシステムの史的考察も付加しなければならないからです。先生のご質問①にあるような宙返り直前の「手を離す恐怖」がどれほど難しい〈動感形態化 kinästhetische Gestaltung〉を強いられているかはまさに鋭い，しかも正鵠を射たご指摘だからです。車輪を加速して画期的な〈あふり技術〉という究極的意味核の開示とその〈動感形態化〉という動感能力システムの開発は，今から80年以上前の宙返り新技術開発という出来事に遡ることになります。私がまだ中学生のころで，それまでの一般的な〈等速車輪〉から宙返りの離手局面を捉えるだけでも，それはまさに命がけの難しい技術だったのです。あふり技術のない等速的な車輪から，「いつ，どこで」バーを離すかというカンとコツの一元化意味核を〈身体感覚〉で捉えることは，度胸一つという言語を絶するひどい荒技だった身体経験を余儀なくされるからです。それだけにその一元化意味核を体得した選手は憧れの的になる時代でした。しかし日本の競技体操もベルリン五輪(1936)で9位になり，次は東京五輪(1940)を迎える当時においては，その憧れの東京五輪を狙う候補選手たちを夢中にさせるほどの急速な技術開発の時期だったのです。車輪そのものに〈あふり〉という新技術が開発され，その動感形態化の道しるべが開示されたのを機に，〈宙返り下り〉の動感形態化にも〈腰あふり〉と〈肩あふり〉がシステム化されていったのです。このような新しい宙返りの動感システムが創設されていったのは新技術開発の通時的史的考察が示している通りであることをご理解いただきたいと思っております。

　先生のご質問②は，この新しい二つの〈あふり技術〉が開発され，それが一つの動感メロディーに〈システム化〉されたことが宙返り直前の〈離手局面〉の能動志向的な恐怖感を消してくれた史的考察が前提になってい

ることに関わってきます。その後，鉄棒の〈宙返り下り〉も急速に進化を重ねて，とりわけ第二の〈肩あふり〉の究極的意味核も伸身二回宙返りやひねり二回宙返りなどの難度の上昇とともに複雑な多様化様相を示しながら，現在のような〈動感メロディーシステム〉に定着していったのです。今となっては，競技体操のコーチたちにとっても，このような動感システムの開示に関心を示さないほど常識的な前提になっています。暴力を使えば，一気にこの新しい動感システムが開示されうるという信じられない素朴さにも気づかないほどなのです。この〈動感能力システム〉[Hua.VI,§47, S.164] についての競技体操での開示はさらに進化の度を速めて，離手局面の〈受動綜合化〉はその宙返りの動感メロディーシステムの開始局面におけるその確信証示こそが動感メロディーの〈腰あふり〉〈肩あふり〉〈離手作用〉という三つの〈キネステーゼ形態化局面〉の受動綜合化を保証してくれることが開示されていったのです。もちろんその動感メロディーが〈調和的統一態〉に至るトレーニングが極めて慎重に充実化されなければならないのは多言を要しません。しかもその中の〈肩あふり〉だけに気を取られたり，離手の〈身体感覚〉に気が滞ったりすると，一連の動感メロディーの〈時間流〉が途切れて，フッサールの意味における〈原構造〉は破綻してしまうことになります。このような動感システムにおける相互の〈調和的統一態〉の〈働き〉は，昨今の競技体操領域では当たり前の出来事になっています。しかし当時のモスクワ世界選手権 (1958) の時代では，まだ動感能力システムの理論は一般化されず，もっぱらバイオメカニクスの運動因果分析が主題化されていたために現場のコーチとしてはどうしてもわが国古来のコツとカンの芸道論に頼らざるを得なかったのです。

　最後の質問③における沢庵禅師の教えやヘリゲルの「それが射る」という無心の〈構え〉[Geisteshaltung] については，まさにご指摘の通りであり，スポーツ運動学でも自在無碍分析として，その動感世界に向き合うことの不可欠さはもはや多言を要しません。わざの極致に立ち現れる最高の境地に向き合うことは競技に生きる選手たちの関心事になるのは当然のことだからです。しかし，ここで主題化されなくてはならないのは〈わざの狂い〉に苦悩する選手やコーチの競技世界において，この〈動感消滅〉の開示にどのように向き合うかという〈自体所与性〉そのものが焦眉の急となっ

ている問題圏に他ならない昨今なのです。

7 ウクラン教授との出会い

山口：ご丁寧なご説明ありがとうございました。それでは，モスクワで開催
　　される世界選手権 (1958) の直前に，「4 人の選手」の〈わざの狂い〉に遭
　　遇なさり，それを解決された後の経過についてお話しください。

金子：そのモスクワでの世界体操選手権では，日本チームはホテルで食中毒
　　のアクシデントに見舞われ，結局ソ連チームを破ることはできませんでし
　　た。その当時のソ連の体操競技を支えていたのは科学的運動分析，とりわ
　　けバイオメカニクスによるわざの分析が主流になっているという情報か
　　ら，私も当然ながらそう思っていたのです。私の現役時代の日本チームが
　　1954 年のローマ世界選手権でソ連チームに次いで銀メダルを取ったとは
　　いえ，その試合の 1 位と 2 位との得点差は 17.45 点もあって，とても勝負
　　になる相手ではなかったのです。

　　　その時からソ連の競技体操の凄さを知りたくて，専門研究誌を取り寄せ
　　たり，辞書と首っ引きでソ連体操の専門書を読み始めたのです。第二次世
　　界大戦が終わって，競技体操の国際試合が華々しく報道され，鉄のカーテ
　　ンに隠されたその競技力の秘密はソ連における新しいバイオメカニクス運
　　動分析が話題をさらっていた頃だったのです。

山口：その頃にもうバイオメカニクスですか……。

金子：ええ，そうなのです。もうその頃には，モスクワのドンスコイ教授や
　　ジュコフ教授の身体運動分析はその分析方法の精密さに驚かされること頻
　　りでした。つまり，そのチャンピオンの身体運動の物理学的，生理学的プ
　　ロセスを客観的に精密に測定して，そのメカニズムさえ開示できれば，そ
　　れを目標像にして選手たちの体力をトレーニングし，その選手の競技力を
　　高めることができると主張されていたのです。その具体的なトレーニング
　　処方論としては，競技力はその生理学的身体能力，つまり筋力や持久力な
　　どの体力学的な要素分析と，その物的運動としての力学的メカニズムに即
　　して，さらにマネジメント科学でその全体のトレーニング過程をチェック
　　し，要すればメンタルトレーニングも追加できれば，それに相当する競技
　　力に達することができるというものでした。

　それらは確かに外部視点から物質身体と物理身体の運動過程を客観的に示してくれますから，その前提となる因果法則を正しく実践できるようにすれば，当該の競技力の前提条件を身に付けるのが先決だと断じています。確かに，突出したソ連の体操選手たちの競技力への実践的道しるべは，秘密のヴェールで覆われ，まさにまさに鉄のカーテンの彼方に門外不出の態だったのです。それだけに，ソ連の選手たちから直にコツやカンを身体化できる秘密を聞きたいと思うこと頻りでした。

山口：ソ連の運動分析は，外から見て，客観的に過程だけを分析しているわけですね。

金子：そうなのです。確かにバイオメカニクス的な科学的分析は物的身体の運動法則を開示してくれます。しかし，その客観的な科学的法則の諸条件を，私の身体という固有領域に生き生きと身体化 [incorporé / Einverleibung] するには，「いったいどうすればよいか」という実践処方の工夫は，すべてその選手たちに丸投げされたままであり，それを聞き出すほどの語学力もないまま，何かその因果法則の基柢に潜んでいる本質的な〈原事実性〉を知りたいと焦るばかりだったのです。確かに，科学的運動分析は精密な因果法則を開示してくれますが，それは身体発生の物的な前提条件の開示だけです。そのコツやカンという〈キネステーゼシステム発生〉という〈究極意味核〉の解明は，そもそも客観的な科学的運動分析の任ではないのは当たり前のことです。

　だから，その前提的条件を生き生きした競技力として，一元化した身体発生を創設 [stiften] するには，どうしてもそのコツとカンの一元化問題圏を避けて通れないことには，現場の実践指導者にはいわば〈本能的予感〉として働いていたようです。というのは，そのコツやカンという〈動く感じ〉なしには，何一つ自らの身体を動かせないことには気づいていたからです。今の私たちの発生運動学の立場でいえば，コツとカンの一元化意味核における〈キネステーゼ感覚形態化〉という生命的時間発生の地平分析を欠くわけにはいかないのです。ところが，その精密なメカニズムが呈示されても，「自らどう動くのか」という時間発生の実践に関わることはできません。その奇妙な謎解きは選手たち自身の〈私の身体という固有領域〉に丸投げされていたことになります。それこそが私の主観身体の〈動きか

た〉の身体発生基盤上に拓かれる「道しるべ」に他ならないのです。しかしその運動感覚の意識分析には科学的客観性が成立しないから，科学的運動学から当然排除されてしまうのはいうまでもありません。

　コツとカンという〈運動感覚システム〉を自我身体に「どのようにして発生させるか」は，選手たち自身の身体という〈固有領域〉の問題ですから，科学的運動学者は誰もその〈動きかた〉のコツやカンにまで関心をもってくれません。だから，現場のコーチは体罰を与えてでも選手や生徒たちにその〈動く感じ〉の〈意味発生〉を強要する仕儀になります。それどころかその選手が偶然に意味核を掴んで動けるようになれば，それはコーチの指導能力の一つになってしまうことも珍しくないのです。そのコーチが〈動く感じ〉を教えられなかった不明さはコーチ自身がよく知っているはずなのです。

　ところが，そのモスクワでの世界体操選手権のあと，モスクワのウクラン教授と話し合いをもつ機会に恵まれたのです。以前からウクラン教授の著書を読み，ソ連体操のブレーンとして有名なことを知っていました。幸いなことに，日本チームのキャプテンだった竹本正男選手と二人でウクラン教授との貴重な会見をもつことができたのです。そのことは当時の読売新聞に写真入りで掲載されました。そのときにソ連に敗れた監督として，ウクラン教授に真っ先に質問したのは，新しいわざの発見とバイオメカニクス分析の進行状況そのものでした。ところがその答えは意外だったのです。バイオメカニクス的な科学的運動分析はそのメカニズムだけしか分からないから，競技体操の複雑なわざの発生分析には役立たないというのです。

山口：本当にそうなのですか？

金子：というのは，ウクラン教授は科学的運動分析をやっても，その選手たちがわざを身に付ける実践に直ぐに生かせるものではないことを知悉していたのでした。それは物理学的なメカニズムを知り，生理学的体力を強化しても，それは選手たちの条件づくりには確かに必要ではあっても，世界の頂点を目指して勝負を打つ競技力や新しいウルトラＣのわざを直に身体化しようとするには，直接に繋がらないと断言するのです。それよりも，新しい〈動きかた〉を発生させるのには，もっとわざを身に付ける実践的な発生論に向き合わなければならないという主張を繰り返し強調するので

す。それどころか，日本ではどんな手続きで実践的な〈動きかた〉を身に付けさせているのかが知りたいと迫ってくる始末です。

　このウクラン教授の予想外の主張は今でも忘れられないショッキングな出来事でした。そのとき私の脳裏に浮かんだのは，とりわけオランダのボイテンデイク教授 (1887 - 1974) のゲーテの形態学的思想を基柢に据えた新しい形態学的運動分析でした。すでにそれに同調したオーストリーのフェッツ教授らスポーツ運動学への新しい動向でした。しかし，当時の私はソ連の競技体操の牙城に迫ろうと躍起になっていましたから，今までの科学的な運動分析と違った何か新しい運動分析が西欧に芽生え始めているのを本能的予感で感じとっていただけでした。戦後の体操競技世界をリードしていたソ連体操の頭脳と謳われたウクラン教授がすでに新しい運動分析論に入り始めているのに一驚したのはこのような事情があったからなのです。

　そのウクラン教授が「君はどのようして日本チームを実際にコーチしているのか」と私の身体発生論にしつこく問いかけてくるのに奇異の念をもちながらも，実は選手たちの〈わざの狂い〉にさんざん苦労してから，このモスクワの世界選手権にきたのだと正直に答えるしかなかったほどです。確かに，私も精密科学的なバイオメカニクス分析は勉強をしていたけれど，その因果的な自然法則は選手たちの物的身体の合理的な運動過程を知ることはできても，それは前提作りだけのことであって，日本代表選手の実践指導に直接繋がらないと答えました。現実問題としては，カンとコツという〈運動感覚システム〉の発生指導こそ，私の日本チームを勝負させる中核を成していることに言及せざるを得なかったのです。そのときのウクラン教授は「まさにその通りだ」という意外な答えに私は一驚したことが忘れられませんでした。

　そのときウクラン教授は，緊張性頚反射 [tonische Halsreflex] という生理学的な姿勢反射の例を取り上げて説明をしてくれました。少し専門的になりますが，その緊張性頚反射とは，オランダの神経生理学者マグヌス [Magnus, Rudolf, 1873~1927] の反射研究の成果として世界的に知られています。例えば，頭を背屈［後屈］すると両腕が反射的に伸展し緊張するという姿勢反射の一種です。この姿勢反射は逆立ちするときに，頭を背中の方に起こすと両腕が反射的にしっかり伸ばされるから，倒立では「頭をしっかり起こせ」

と指導することになります。それは，いわば〈角兵衛獅子〉の逆立ちになります。ところが，それは競技体操でもっとも悪い倒立といわれ，その倒立からは良いわざは生まれないのです。むしろ，体操では余り頭を起こさずに一直線の倒立が理想像になるのです。マグヌス反射という生理反射をどうして制御するかが大切なのに，マグヌスの生理学的頚反射が科学的に正しいからといっては勝負を打てないというウクラン教授はまさに印象的だったのです。

　学校体育でも老練な教師は〈逆上がり〉の指導するときに，この生理学的頚反射を抑えた〈頚を竦めた背屈頭位〉を学習させるのは周知の通りです。だからバイオメカニクス的運動分析では，どんなに精密に科学的分析が行われても，この逆上がりの〈背屈頭位〉の〈運動感覚システム〉は発生しないとウクラン教授は断言するのです。そのソ連体操の頭脳といわれたウクラン教授のお陰で，キャプテンの竹本選手とともにわが国古来の「コツとカン」に戻ろうと覚悟したときの出来事は，私個人の発生運動学への記念すべき幕開けになったようです。これを機に，チーム監督の私とキャプテン竹本選手との選手強化方針は強固になり，次のローマ五輪 (1960) への対策に取りかかったことが今では懐かしい思い出の一つになっています。そのウクラン教授の言葉が，わが国の戦前からのコツとカンの芸道稽古論に気づかせ，われわれに力を与えてくれたのかもしれないと……。ソ連の男子チームのミシャコフ監督はこの世界的なウクラン教授の新しい〈道しるべ〉に気づかなかったのだろうか……。

　このようにして，日本男子チームがその次のオリンピックローマ大会 (1960) で初優勝し，日本の体操競技が初めて世界の頂点に立つことができたのは，皮肉なことにソ連体操の頭脳がわれわれに貴重な示唆を与えてくれたことになってしまいました。それから，日本の男子チームは，次の世界体操選手権 (1966) でも，東京オリンピック (1964) でも，負け知らずに金メダルをとり続けることができました。後日になって，そのウクラン教授が来日されて，わざわざ私の勤務していた東京教育大学に直接来られて，私の研究室でいろいろ話し合いすることができました。「ウクラン先生のおかげでやっとソ連と勝負を打てるところまでになりました」とお礼をいいながら，数年前のモスクワの会談が話題になったものでした。それは

私の懐かしい想い出の一つなのです。わが国には古来，コツとかカンという表現が日常的に使われていること，いわば〈自ら動きつつある感じ〉や他者の〈動く感じ〉を取り込む能楽や剣道の貴重な伝書にも取り上げられ

左から 2 番目がウクラン教授，その右が金子助教授（1966 年）

ていること，さらにその当時の東京教育大学の前身である東京高等師範学校の校長だった柔道の嘉納治五郎先生の話などが中心になっていったものでした。

8 マイネル運動学との出会い

金子：私はすでにわが国古来の武道や芸道の伝書について拙著［『運動感覚の深層』:§61，『わざ伝承の道しるべ』:§3 - (b); §40 - (b)］でも述べていますが，その伝書には，貴重なコツとカンの「キネステーゼ形態化」の現象学的志向性分析がすでに開示されていたことが述べられています。例えば，応永 31 (1424) 年の奥書をもつ世阿弥の能楽伝書『花鏡』に残された〈離見の見〉という教えは，われわれのスポーツにおける発生運動学に貴重な示唆を与えてくれました。因みに，この〈離見の見〉で観客と同じ見方になって，肉眼の届かない後ろ姿まで見抜いて，観客と同じ見方となること［世阿弥：「禅竹」『芸の思想・道の思想』88 頁，岩波思想大系］を述べて，自らの動きの他者観察を見事に開示しているからです。それはまさに発生的現象学においては，超越論的反省の〈現象学する自我〉という働きに通底していることに多言を要しません。

山口：そうですね。ただし，ここで少し注意しておかねばならないこととして，〈離見の見〉は，いわゆる〈無心〉ないし〈無我〉において実現していると思われますので，無心における〈超越論的反省〉が生じているというのが，より適切な表現ではないかと思われることです。

金子：この〈離見の見〉に関してですが，ライプツィヒのマイネル教授も自らのスポーツ運動学で，そのモルフォロギー分析の方法論として，「自ら

どう動いているか」という〈自己観察分析〉と他者の自己観察を開示する
「他者観察の印象分析」を取り上げています。そのマイネルの〈自己観察
分析〉は，まさに世阿弥の〈離見の見〉に通底する達見といえます。とこ
ろが，自らの動く感じを主観的に記述しても，それは単なる個人的な思い
込みでしかないから，何の普遍妥当性も認められないという批判が頻りの
スポーツ学会でした。しかし私は，そのコツやカンの〈動く感じ〉を統握
する自己観察こそ実践現場におけるキネステーゼ身体感覚やキネステーゼ
感覚論理の分析起点になるはずだと思っています。

　　実は，ローマ五輪 (1960) からの帰国の途中で，当時の西ベルリンでロー
マ五輪の〈優勝チーム演技会〉が行われました。そのとき，東ドイツ体操
連盟の事務総長だった友人 [*Horst Pönisch*] が訪ねてきて，その時に半年前に
出版されたマイネル教授の著書『運動学』を贈ってくれたのです。

山口：そのあと，ライプツィヒに行って，初めてマイネル先生にお会いした
のですか？

金子：いやいやとんでもないです。西ベルリンで五輪優勝の演技会があった
わけですが，その東ドイツの友人はこの演技会のあと，ブランデンブルク
門を通って，東ドイツに来てくれというのです。私は東ドイツにも親しい
友人が多かったものですから，あそこの門を通り抜ければすぐ東ベルリン
だからといって，頻りに誘ってくれたのです。ところが，大使館の人から
ひどく叱られまして，金子先生は国立大学に勤めているのだから，「二度
と帰って来られませんよ」と脅かされてしまいました（笑）。

山口：そうか……，当時はそうですね……。

金子：しかし，帰国して早速読んだそのマイネルの『運動学』は，まさに
現場指導に役立つ実践的運動学だと感動すること頻りでした。今ここで動
きつつある価値感覚が働かなくては，その動きの〈冴え〉を高めることは
できるはずもないと考えていたからです。しかし，終戦後の混乱の最中に
あった日本の学校体育や競技スポーツ界は，外部視点から運動を分析する
科学的立場以外は，すべて唾棄されてしまうほどのスポーツ科学全盛の時
代だったのです。だから，マイネル運動学は，競技スポーツに打ち込んで
熾烈な勝敗の世界に生きる選手やコーチの実践現場からはまさに干天の慈
雨と歓迎されていたのに，科学的運動学の客観妥当性に心酔する大学教授

たちからは，そのコツやカンだけに頼った〈動く感じ〉のモルフォロギー
分析論には，単なる主観的な思い込みだとする厳しい批判と侮蔑しかあり
ませんでした。

　そこで，私の率直な意見をマイネル教授への手紙に託したら，意外にも，
ローマ五輪の体操競技場（古代ローマの古蹟カラカラ浴場）で，観客席から
日本チームの活躍と私の監督ぶりも見ていたという返信を受け取ったので
す。それどころか，その金メダルチームの監督がどうして私のモルフォロ
ギー運動学に関心を持ったのか知りたいというのです。そして新しいスポー
ツの運動感性学 [Bewegungsästhesiologie des Sports] を主題化した改訂版の原稿
がほどなく脱稿できるから，日本語への翻訳はもう少し待って欲しいとい
うマイネル教授の手紙でした。

　ところが，1972 年のミュンヘン五輪における国際体操連盟 [Fédération
internationale de gymnastique] の会議で技術委員に選ばれてしまったので，隔月
ごとに行われるその FIG 会議に追い回される羽目になります。その翌年
の FIG 会議［ロッテルダム］のとき，東ドイツの体操連盟会長 [Prof. Dr. G.
Bormann] からマイネル教授は肺癌で他界（1973 年 10 月 27 日）したと知ら
されたのです。期待していたマイネル運動学の改訂版「スポーツ運動感性
学」は，そのまま立ち消えになってしまいました。ところが暫くしてマイ
ネル教授とその後継者シュナーベル教授との共著として改定版『運動学』
(1976) が上梓されました。しかし，手紙に寄せていたマイネル教授の感性
学的形態学の原稿はどこにも見当たりません。改訂版はすべてシュナーベ
ル教授のサイバネティクス運動学に置き換えられていたのです。そこで仕
方なく，私はマイネル教授の遺著となった初版 (1960) を邦訳して，やっと
上梓の運びになったのはもう 1981 年になっていました。

　しかし，マイネル運動学の遺著翻訳に当たっては，その論理展開に納得
しにくいところが散見され，随分と苦労しました。ところがマイネル運動
学の訳書出版 (1981) の 10 年後に，マイネル運動学 (1960 年版) の改訂版の
ための未発表原稿が発見されたと，滞独中の埼玉大学の吉田茂教授から連
絡 (1993) があったのです。マイネル教授の肺癌による無念の他界から 20
年目に，その幻の改定版原稿の件で早速に，その翌年 (1994) の早春にライ
プツィヒを訪れ，マイネル教授の墓前に花を手向けてから，郊外に住むご

子息クラウス・マイネル博士を訪ねました。その手書きの遺稿はご子息夫妻の努力によってきれいにタイプされてありました。その遺稿は4編の運動感性学に関する論文と64の研究メモで，私に手紙で知らせてくれた「スポーツ運動感性学」を主題化した原稿そのものでした。その詳しい内容はマイネル遺稿集［『動きの感性学』1998, 大修館書店］に譲るしかありません。

　そのとき，マイネル運動学の上梓前の原稿検閲の厳しさがご家族から聞くことができました。マイネル教授の労作『運動学』(1960) の出版に当たっては，随分と厳しい検閲があったことを初めて知ったわけです。確かに，その執筆当時（1950年後半）に東ドイツは共産圏に属していて，政治イデオロギー的対立の緊張の中にありましたから，そこではレーニン・マルキシズムに反する形而上学的な観念論には厳しい検閲の目が光っていたそうです。だから，改訂版の内容が現象学的形態学の運動感性学ですから，それなりに相当の覚悟で改定版の原稿を書いていたと推測できます。初版の運動学でも，モルフォロギーの現象学的分析に類することは意図的にすべて避けるしかなかったのかもしれません。

山口：そこに現象学について正面から述べているところはあるのですか？

金子：まったく見当たりません。運動の自己観察や他者観察に関する内在的超越のモルフォロギー分析を基柢に据えていても，超越論的現象学という表現は一切ありませんし，その引用文献はソ連の著名なスポーツ心理学者ルビンシュテイン（1889 - 1960, マールブルク学派の影響のもと，マルクス主義による心理学の可能性を開拓，『一般心理学の基礎』1940,『思考心理学』邦訳 1962）のものばかりなのです。

山口：まったくないのですか。

金子：西ドイツの精神医学のヴァイツゼッカーやオランダの生理学者ボイテンデイクの現象学的運動学が全編にわたって援用されていますから，徹底的に検閲されたことを家族の方々から聞かされました。マイネル教授のスポーツ運動学の基礎論における歴史的考察などで，何かちぐはぐな論展開が気になっていたのがやっと納得できたのはこの時でした。その論展開の矛盾はさぞ不満足なままの上梓だったのでしょう。それだけに改訂版の〈運動感性学〉でも苦しい執筆が続いていたと思うと，肺癌に苦しみながらの執筆が残念でなりません。

　そのマイネル運動学の後半のカテゴリー分析論や運動学習論，最後の運
動形態学的システム論では，一気に現象学的形態学が生き生きと展開され
ているのは周知の通りです。しかし，その著書の前半では，唯物弁証法を
前面に掲げて，身体運動の学習理論が単なる観念論的形而上学を排除して
いるかと思えば，運動発生論では，現象学的自己観察の不可欠さを主張し
て譲らず，その運動類型学では，超越論的反省によってその運動ゲシュタ
ルトに運動感覚の〈共感観察〉を主題化しているのです。そこで共遂行さ
れる共感的な他者観察は，外部視点からの単なる科学的分析から明確に区
別され，内在的モルフォロギー分析を前景に立てるべきだと断じて憚りま
せん。

　その後，ベルリンの壁が崩壊してから，マイネル教授の学問的功績を
讃えて，その生誕100年記念として「国際スポーツ運動学シンポジウム」
（1998.12.1~2：ライプツィヒ大学）が開催されました。私はその基調講演を
依頼され，東西ドイツ統合後のライプツィヒ大学を初めて訪れることに
なりました。私の基調講演の演題は「マイネル教授の感性学的モルフォ
ロギーの意義」[*"Zur Bedeutung der ästhesiologischen Morphologie von Prof. Kurt Meinel", In:
Praxisorientierte Bewegungslehre als angewandte Sportmotorik, S.33~45, 1999 Academia Verlag*] と
題して，約1時間の講演でしたが，マイネル改訂版の無念の遺稿を主題化
したことはいうまでもありません。しかしながら，初版『運動学』改訂版
のために，感性学的モルフォロギーの立場からパラダイム転換を迫ろうと
していたマイネル教授の遺志に反して，ライプツィヒ大学の運動学講座の
後継者は，当時もっぱら世界を風靡していた科学的サイバネティクス運動
学へと路線をすでに転換していました。当然ながら第一基調講演はマイ
ネル運動学講座を継いだシュナーベル教授であり，その演題は「スポーツ
運動学発展へのマイネル教授の学問的貢献」(*Der wissenschaftliche Beitrag von Prof.
Meinel zur Entwicklung einer Bewegungslehre des Sports*) でした。そこでは，マイネル教
授の運動学の確立を成し遂げた功績を顕彰する生誕記念のシンポジウムで
すから，その講座後継者のシュナーベル教授もその学問的貢献の歴史的意
義を述べるのは当然のことです。

　ところがシュナーベル教授は，マイネル教授の他界(1973)後に，マイネ
ル教授との共著として上梓された『運動学』(1976)では，その内容のほと

んどがマイネル教授のモルフォロギー的運動学と一線を画して，情報科学的なサイバネティクス運動学に書き換えられていました。だから基調講演でも，マイネル運動学の歴史的意義の顕彰に止まっています。そこでは感性学（エステジオロギー）がまったく別種の発生的現象学に基づいていることには触れてはいないし，フッサールの〈身体学（ゾマトロギー）〉としての感性学（エステジオロギー）に気づくはずもなく，曖昧な感性学の排除を二者択一的に指摘し，運動分析の世界的な潮流にわれわれも立ち後れてはならないと説くことになります。こうして，サイバネティクス運動学を基調としたシュナーベル教授の講演とマイネル遺稿を基調にした私の感性学（エステジオロギー）な講演とは真っ向から対立した内容になってしまいました。シュナーベル教授のあとに演壇に立った私は，マイネル遺稿の感性学（エステジオロギー）的モルフォロギーを取り上げたのですから，かつてのマイネル教授の多くの教え子たちは総立ちで万雷の拍手をし，何か異様な雰囲気さえ感じられることになってしまいました。と同時に，身体運動を外部視点から数学的時空間のなかで因果法則を発見していく科学的運動学と，生命システムと周界システム間の〈依存システム〉(Hua.XI. §3. S.14- abhängige Systeme)の動感（キネステーゼ）発生を予描する運動現象学とは，まったく別種のシステム論であり，二者択一的の問題ではないことはいうまでもありません。わが国では，早くから新田義弘先生が『現象学』(1978) を岩波書店から上梓し，キネス・テーゼシステムを前景に立てて，競技の実践現場から共感を呼んでいた頃です。その後，山口先生が独文の著作「フッサールの受動綜合と間主観性」(1982:Passive Synthesis und Intersubjektivität bei Edmund Husserl) を『他者経験の現象学』(1985) として上梓されていますね。

山口：はい，そうです。

金子：その中で，先生は 1930 年以降のフッサールのキネステーゼ感覚のことを主題化していて，われわれのスポーツ運動学の〈動感（キネステーゼ）発生論〉に大変参考になりました。ところで，オランダのボイテンデイク教授は，イギリスで研究していたときには，1932 年にノーベル生理学賞を受けられたイギリスの神経生理学者シェリントン教授 [Sherrington, Charles Scott:1857~1952] のもとで，生理学と心理学との架橋研究に取り組んでいた著名な教授でした。この人が現象学的運動学の一般理論を体系化することになります。それはオランダ語で 1948 年に上梓し，1956 年に新しい文献を加えてドイツ

語訳が完成しました。まだ邦訳されていませんが，これがスポーツ領域における運動現象学の原点といわれているものです。

山口：そのボイテンデイクは客観的な筋生理学や筋の働きについて，単なる数値データと観測だけでなく，自らの身体を動かす感じ，つまりキネステーゼ感覚の記述と直接かかわるような呈示をしているのですか？

金子：まさに山口先生のおっしゃる通りなのです。ボイテンデイクは，そこで三つの基本概念をその運動現象学の起点に挙げています。それが〈自己運動〉[*Selbstbewegung*]，つまり自らを動かす身体運動が基本概念として取り上げられ，それは〈主観性〉[*Subjektivität*] を基柢に据えた〈身体性〉[*Leiblichkeit*] に支えられなければならないと強調しているのです。この三つの基本概念が承認されなかったら人間の行う身体運動の学問性は成立しないと断言します。それこそがその名著『人間の姿勢と運動の一般理論』[*Allgemeine Theorie der menschlichen Haltung und Bewegung 1956*] の基柢を支えていると考えられます。

山口：ボイテンデイクについては，私の先生にあたるベルンハルト・ヴァルデンフェルス先生が，『講義・身体の現象学』で，ボイテンデイクの『人間と動物』について言及しており，「偉大な生物学者で医師でもある」ボイテンデイクの人間と動物の鏡像に対する行動の仕方の違いについての優れた研究をあげています（B. ヴァルデンフェルス『講義・身体の現象学』邦訳，30頁および次頁を参照）。

金子：ヴァイツゼッカーの『ゲシュタルトクライス』はどうですか？

山口：それはよく知られています。

金子：山口先生がいつも多くの著書の中で〈感覚質〉の問題を前面に押し出していますね。そのことは，ヴァイツゼッカーもそのゲシュタルトクライス論を展開する冒頭にまず取り上げています。しかし，ヴァイツゼッカーはそのゲシュタルトクライス論でフッサールの発生現象学のことは当然の前提にしていても，現象学そのものには触れていません。

山口：よく知られているのは，その具体的なことは分からないですけど，ヴァイゼッカー一家は，いつもその時代のスターでしたから。その思想の中身に似通ったものがあったとしても，フッサールの名前は出さないとかいうことはあったかもしれませんね。

金子：ああ，そうなのですか。もうフッサールはそのときは亡くなっています。『ゲシュタルトクライス』は 1940 年出版で，このヴァイゼッカーが『ゲシュタルトクライス』の〈相即原理〉[Kohörenzprinzip] を取り上げたのは 1932 年の論文ですから，フッサールと同時代で，やっぱり実践的な知覚と運動の一元論としての運動現象学の理論構成に苦労した方なのでしょうね。

山口：そういえると思いますが，ヴァイゼッカーにおいて，ハイデガーとシェーラーとの繋がりは述べられていても，フッサール現象学との直接の関係性は，認められないようです。

金子：これも面白いことなのですが，先ほども述べましたが，マイネルは，ヴァイゼッカーとボイテンデイクの二人の現象学的運動分析を単なる観念論的形而上学として，この両者の運動現象学に水を差すような批判をその著『運動学』の前半部で述べています。しかしその本論部分では，二人の現象学的思考が自らのモルフォロギー運動分析として援用されているのです。当時の政治的イデオロギーの影が付きまとっていて，厳しい検閲で強引に修正せざるをえなかったことはすでに前段で述べた通りなのです。

⑨ 間身体性による受動綜合化

山口：お話聞いてものすごくよく分かったのは，結局，スポーツ運動学とフッサール現象学との結びつきは，本当に内発的なものなのですね。つまり，内側から起こってくる必然的な経過なのですね。

金子：そう思っています。

山口：先ほどの話をお聞きすると，結局，その 1958 年のモスクワ世界選手権のときでしたか，6 人の代表選手のうち，4 人までも規定演技の宙返り下りで鉄棒を離せなくなっちゃったのですね。そのときにどうするかといったときに，先生ご自身の中に浮かんできたのは自ら苦悩した身体経験だったのでしょうね。

金子：まさに先生のおっしゃる通りです。何年も前からずっと慣れ親しんできたはずの宙返り下りのコツとカンの一元化ゲシュタルト，つまり〈動感形態化の意味核〉[ein Sinneskern der kinästhetischen Gestaltung] が突然に消滅してしまうのです。鉄棒のバーをいつ離すか分からなくなった代表選手たちは，まさに呆然自失の態なのです。それは〈わざの狂い〉というのはまったく

奇妙な現象として選手やコーチから恐れられているものです。どんなに離そうとしても，どうしても離せない苛立ちしかないのです。だからといって，わが国の日本代表選手ですから，その場合のメンタルリハーサルも知悉しているはずなのにどうすることもできないのです。ヘルシンキ五輪予選で泣かされた宙返りの狂いに苦悩した私の身体経験は決して無駄ではなかったようです。その時には，いつ手を離すかという瞬間局面から解放される工夫こそ大切だったのです。それはフッサールのいう〈沈黙する具体化〉[*stumme Konkretion*] における〈自己忘却性〉[*Selbstvergessenheit*] こそ，まさに正鵠を射たポイントだったのです。

山口：そうですね。そこが鍵になるわけですから。

金子：そうなのです。だから私は，それを〈ノエシス契機〉として，そのときはたとい〈空虚形態〉(レアゲシュタルト) であったにしても，何かそういった切っ掛け，いわば「あれっ？」とわが身で感じる〈感覚素材〉(ヒュレー) がなかったら，そこに立ち止まることなく流れ去ってしまうことになります。となると，それはわれわれにとって「どのようにしてその過去把持に出会うのか」という問題として浮上してくることになります。

山口：ええ，確かにそうですね。

金子：だからこそ発生的現象学における時間流の原発生地平が問題にならざるをえないのです。いわばどうしても，〈時間発生〉という謎に満ちた働きに関わらざるをえなくなります。日常生活でもそうですが，とくに競技スポーツでは「自らどのように動くか」，つまり〈今ここ〉の〈動きかた〉に直に向き合わなければ，何一つ勝負することもできないのです。それはまさに喫緊の時間化問題であって，いつも「その未来にどう動くか」を自らの身体感覚(エンプフィンドニス) で直に受けて同時即断できなければ，どうにも動きがとれないのです。その未来の動きを予持して，とっさの先読みに生かすのには，その原印象と過去把持志向性が対化として連合化(パールング) していなければなりません。「立ち止まりつつ流れる原現在」というフッサールの表現は決して奇妙な表現ではないのです。わが身のキネステーゼ身体感覚によって何の違和感もなく，実感しつつ受け容れられるフッサールの表現といえるのではないでしょうか。

山口：はい。そうなのでしょうね。

金子：奇妙に聞こえるかもしれませんが，いわゆる過去把持といっても，過去に流れ去っていても，それはいつも〈生身の現在〉[leibhaftige Gegenwart]として交差志向性に沈下しているだけです。それは原的な身体感覚として即座に動ける〈生動的現在〉としてわが身に回帰していくのです。もちろん，そのときの物質身体としても生理学的体力条件が同時に確認されるのは喋々するまでもありません。しかし，加藤澤男先生がその講演[2017伝承研究会]で例証に挙げられた，その幼児期の頃の伸身前方宙返りの身体感覚は，純粋な感覚ヒュレーとして残っているのでしょうね。

山口：そうです。しかも，空虚形態として，残っていたわけです。そして，私も加藤先生の講演を引き継いで，じゃあ「どうやって残っているのか」ということをフッサールの時間論に繋げてお話ししたわけです。そのときに，過去把持の交差志向性に残っていく，つまり堆積してくるというか，沈澱してくるということまではいえるのです。けれども，これはスポーツだけでなくて，精神病理学とかリハビリのとき，過去把持が働くか働かないかが決定的な要因を成しているように，すべての感覚成立のさいにいえることなのです。例えば自閉症というのは，幼児の自閉症なども含めてですが，それは感覚が秩序だって育ってこない病気だといわれています。そのときに，ドナ・ウィリアムズという人が自分の自閉症体験を書いているところがあって，パニックに襲われないように自分で自分のリズムを作りあげると述べています。そこで，パニックに陥った自閉症の子どもに近づいて，リズミカルに歌を歌い，指でトントンとリズミカルに子どもの身体に触れながら，軽く叩いてあげるというのです。どうしてそれがうまくいくのかというと，そこで対化，つまり一つの感覚と，次の感覚が〈対になる〉のであり，一緒になって一つのセットになっていくことが成立し，それと同時に，「私はこれから外の世界に自信を持って出ていける態勢ができあがる」というのです。

金子：その対化の感じは，わざをコーチするときのキネステーゼ感覚ヒュレーを誘いだす場合とよく似ていますね。

山口：その〈ペアになる〉という過去把持が前の感覚と次の感覚，その次の感覚が繋がってくれるということ，つまり，それが自閉症の子どもにはできあがらないのです。普通の健常な子どもの場合は，ちゃんと自然に連合

してくれるのだけれども，それができあがらないということが病因論として，自閉症の子どもにおける感覚障害の根幹に潜んでいるというのです。

　とすると，それをどうやって作ればいいのか。つまり，パニックに陥ったときに，どうやってリズムを作ってあげるのか，リズムが作れない子どもにどうして感じを呼び起こすことができるのか。そして，子どもは子どもの側で，もうどうしようもないとき，それは自傷行為の一つですが，壁に自分の頭をぶつけて，それでどうにか感覚の秩序を作ろうとしてもがくのだというのです。そういったケースの場合に，彼女自身が，結局，〈対を作ること〉，これが要するに，自閉症から解放される第一歩であるというのです。

　それと，私は発達障害の，脳障害の子どものリハビリをなさっていた人見眞理さんという方に，3年間くらいずっとリハの現場に同席させ，見学させていただきました。そのときに，彼女がいっていたのは，どうやって「セラピストとともに動いたその動きの感じが過去把持に落ちてくれるか」ということが肝要だというのです。この「落ちてくれるか」ということが，「そのリハビリのすべてなのだ」といいます。その後，その「落ちてくれたこと」が残っているか，残っていないかというのは，次のリハビリをしたときに出てくるというのです。ああやっと「残ってくれていた」と。

　先ほどの，空虚な形態が残っているか残ってないかということが，通常の子どもの場合だったら，過去把持が残っていくのはある種の当たり前のことなのかもしれません。けれども，脳性マヒのお子さんの場合には，つまり，運動が運動としてできあがりませんので，随意運動ができません。そのときに，一緒に手を取ってあげて，それは〈他動〉というのですが，一緒に動くように促すのです。動かしてあげるときに，「さあ一緒に行こう」といって語り掛けながら，ともに動きが起こるきっかけを与えてあげるというか，一緒に動くということによって，一緒に動いた「その動きが残ってくれるかどうか」というところに治療の成否が掛かっているとおっしゃっていました。その場合に「残すのじゃない」と彼女はいうのです。「残ってくれているかどうか」が，次のときにスムーズに動くようになっていれば，あるいは一緒に動く「動きができやすく」なっていれば，「それは残ってくれた証拠だ」といういいかたをするのです。

　そういう具合に，交差志向性に空虚な形態が積み重なって残ってくれていればいいのですが，それを「残ってくれるように誘導する」ということが直に問題になるのです。そのときに，彼女がいうのは，一緒に動こうといったときのその志向性というか，意図というか，〈動く〉という自らの身体が動くということを「共感してもらう」ことが重要だというのです。

金子：そうです。それはまさに〈動きかた〉の指導におけるキネステーゼシステムの感覚素材（ヒュレー）にとっても大変参考になることです。

山口：それしかないのだというのです。

金子：いわば，そのような筋の緊張と弛緩のリズミカルな間身体的なキネステーゼ意識流という場合に，私は〈動感メロディー（キネステーゼ）〉という表現をよく使います。その場合，スゥーッと気持ちのいい〈動感メロディー（キネステーゼ）〉が流れ出るものがなかったら，その〈動きかた〉は決してうまくいきません。いわば，細切れの〈感覚ヒュレー〉をいくら合理的に寄せ集めたとしても，そこにはメロディーがうまく流れはしないのです。その基柢には，新しい動きかたの意味発生に越境的［『わざ伝承の道しるべ』§3‐(c) 参照］に関わるのに，フッサールのいう〈我－汝連関〉の〈動く感じ〉に〈連帯感〉[Solidalitätsgefühl] が働かなければできるはずもないからです。

山口：そうですよね。

金子：リズムという西欧語の語原は〈rhein〉つまり〈流れる〉というのが語源になりますね。とすると，競技スポーツの場合でも，それは筋の緊張と弛緩の流れるような交替が気持ちよく共遂行できる間身体的動感メロディー（キネステーゼ）として連合化し，対化（パールング）されなければ，受動綜合化という〈キネステーゼシステム〉を生み出すことはできません。リハビリでも，その先生のほうは患者さんのような奇妙な身体経験をもっていないのに，どのようにして他者の感覚世界に，いわばわが身で生き生きした身体経験のない感覚世界に共感できるのか，それはまさに問題の核心部分になるのでしょうね。

　私のような老コーチは世界のトップを争う加藤澤男選手に狙わせるような高度な目標技の身体経験がまったくないのです。だから，その動感発生の共遂行的共感指導は，いつも大きな障碍に阻まれるのです。われわれは現役選手を引退してからコーチになるのですから，世界初のウルトラＣの身体感覚に即座に対化（パールング）できるはずもありません。どうやってその対化と

いう連合的動機づけを生み出せるのか，それこそがコーチの正念場になるのです。私はどうしても加藤選手が「どのように動こうとしているのか」，つまり彼の〈動きかた〉をこれまでの私の動感経験のすべてを投じて共遂行的に観察します。共感できない感覚ヒュレーについてはしつこく聞きますが，彼はいつものことながら直ぐには答えてはくれません。

山口：何というのでしょう，語るに語れないというのが正直なところということでしょうか。

金子：ところが，彼は私が会議で留守にしていても，ずっと研究室で待っているのです。それで「先生，ちょっと見てください」というのです。帰宅しようと思っていたのにね（笑）。そうすると，「先生はこの前に〈ここの感じ〉を指摘したと思うのですが，ちょっと見てください」という。それで見てみると，時間化の動感<ruby>メロディー<rt>キネステーゼ</rt></ruby>がまったく変わっているのです。さらにしつこく借問を続けると，「うーん」といって自分の時間化に向き合っていて，すぐには答えません。何回も相互の<ruby>対化<rt>パールング</rt></ruby>による探り合いを繰り返しているうちに，やっと彼の過去把持の〈今統握〉[Jetzt-Auffassung] に偶然出会うことがあります。その<ruby>対化<rt>パールング</rt></ruby>の連合動機づけに出会うと次の未来予持へ生き生きと流れ始めます。「あっ，彼は〈ここ統握〉[Hier-Auffassung] の価値感覚を形態化するのに苦しんでいるのだ」と共感できるようになるのです。では「こんな感じを生み出せないか」と未来予持の<ruby>キネステーゼ<rt>プロテンツィオン</rt></ruby>促発に向けて，本格的な目標像の感覚ヒュレーに越境することができるようになります。これは今現役でコーチしている金子一秀先生に話してもらったら，もっとうまく，分かりやすく話せると思います。何十年も前の苦むした体験談では分かりにくい「キネステーゼ感覚論理」の世界ですから。

山口：はい，そうですよね。今，コーチなさっているのですものね。

金子：彼は生き生きした実践現場を持っていますから，それは何にも勝るコーチ習練の場なのです。それこそが，<ruby>現実態<rt>エネルゲイア</rt></ruby>の身体知能を生み出せる発生的実践世界ではないでしょうか。

山口：そうですよね。

金子：私はもう現場を離れて何十年も経っていますから。加藤澤男選手をコーチしたのが最後くらいですから。

山口：この〈共遂行的共感〉ということ，それはつまり〈間身体的共感〉と

いうことなのですが，それを語ることがものすごく難しい時代になっているのではないかと思います。

金子：その通りなのです。今の競技スポーツ界は戦後から今日まで，すべて科学的運動分析の時代ですからね。コツやカンを一元化した〈キネステーゼ感覚論理〉を持ち出せば，そんな非科学的なコーチングは「過去の遺物だ」と侮蔑されること頻りの昨今なのです。

⑩ 脳科学的分析と運動現象学的分析

山口：そうなのですね。確かに脳科学的分析の対象世界にしても，そこでは個別的な生理学的身体しか扱いません。だから人と人との間に生起する謎に満ちた間身体性にしても，クオリアとかいったとしても，問題解決に繋がるわけではありません。結局のところ，人と人との間には，間身体的に生み出される出来事についての見方が十分に育っていないから，一方的な見方だけでは余りにも問題が多すぎて，それは大変なのです。

金子：そうですね。だから，今回執筆した著作『わざ伝承の道しるべ』においても，余りにも奇妙な出来事が多過ぎて立ち往生することになります。例えば〈わざが狂う〉という運動感覚のシステムが突然反逆して，まったく動けなくなってしまう奇妙な出来事には苦労が絶えないのです。そのような日常では予想も付かない突発的に動けなくなる，いわば〈金縛り〉に会ったような奇妙な現象に阻まれて，もう先には進めなくなるのです。山口先生のお陰で，発生的運動学でも，その時間発生をめぐるキネステーゼシステムの解体分析 [Abbauensanalyse] によって，なんとか見通しがつき始めています。

　ところで，先生，ちょっと前に奈良で身近な研究者たちとの話し合いがあって，そこで二言目にいわれることは，「脳科学的な知見との比較をしろ」とか，「発生的運動学の時間化分析には客観性が欠落して，学術論文の枠から外れている」という批判が頻りだというのです。

山口：それについては，私も今ちょっとその辺りの問題領域に入り込んでいるのです。フランシスコ・ヴァレラという人が「神経現象学」という学問領域を提唱していて，その領域において「現在－時間意識」という論文を書いています。ヴァレラは，その師であるマトゥラーナとともに，新たな

生命理論といえる生命体の自己創出をめぐる「オートポイエーシス論」の創始者の一人とされ、脳科学研究と現象学との相互補足的共同研究として「神経現象学」を提起しました。そのさい、これからの神経科学ないし生命科学は、現象学的還元を十分に検討しないと、その先、やっていけないというのです。現象学的な考察をとおさなければ、未来の生命科学はないと思えという覚悟で、他の神経科学の哲学的立場を批判的に考察し、もっとも厳密な神経現象学の方法論を打ち出しています。そのヴァレラが、ナタリー・ドゥプラスというフランス現象学者と共に、フッサールの著作を80年代くらいからずっと読んでいるのです。そのヴァレラが、脳科学の研究で見えてくる時間意識の実験データやその分析などをすべてフッサールの時間論で読み解き、解釈するという論文が、今、上にあげた「現在－時間意識」という論文なのです。この論文で、過去把持の解釈の不十分さがみられますが、未来予持に関して、触発の概念を取り組みながら、生命が周囲世界に対して、どのように自分の生命体としての経験を積み上げてきたのか、学習のプロセスをとおして積み重なってきているものが、すべてこの「生き生きした現在」の時間意識の中に表れているというのです。ヴァレラはこういった発生的な見地をふまえた新たな時間図式を提案しています。脳科学研究によるデータを集め、そのデータが集まったところで次の段階になったとき、いわば「どう解釈するか」というときに、リベットの場合、客観的時間軸を前提にしたまま、感覚刺激の始まりまで、0.5秒の客観的時間を遡ることですべての「意識が生成する」といった、タイムマシンのような非合理な解釈に陥ってしまうのです。

　脳内活動が因果的連関によって決定されていると解釈されるとき、脳科学者はヴァレラの言葉によれば「1トンのキャベツを頭にくくり付けて大海を泳ごうとする孤島の住民と同じ」（ウンベルト・マトゥラーナ／フランシスコ・バレーラ『知恵の樹』302頁以降を参照）愚かな道をとることになるのです。ヴァレラはその愚行に代えて、現象学的還元をとおして、「あなたの意識にどんなふうに感じられているか？」と問い返すのです。実際、金子先生は自分の〈動く感じ〉をもう50年も60年も前から直接、対峙されておられ、それをどうにか言葉にされようとなさっておられます。

金子：うーん、その〈動く感じ〉を掴もうとしているというより、目指すわ

ざを〈身体化〉[einverleiben] するには，つまりしっかり身に付けるには「そうせざるをえなかった」というだけのことです。

山口：その「そうせざるをえない」というところが普通の人は分からないわけです。もちろんそのときに，コーチとして「どうにかしなきゃいけない」ということは分かります。だけどそのときに，内在的に沈澱している隠れた直観のようなものが自ずと働いて，こうすればいいと思われたのは，いわば言葉では表しにくい，要するに身体経験の積み重ねなのですね。

金子：そうなのです。本当にそうだと思っています。

山口：だけども，「そこにすべての鍵がある」というところにまず焦点を合わせることと，そのことをいわば〈学問的明証性〉にもたらすにはどうすればいいかということ，少なくともこの二つのステップが必要になってきます。オリンピック大会の前に「こうすれば」と確信し，実際にそれが成功したという現実態の身体経験がまず大きな第一のステップだと思います。

金子：そうですね。

山口：その第二のステップというのは，結局誰もがそれを読んでいけば，おおよそ見当がついてくるような「学問的開示そのもの」です。その第二のステップのときに，恐らく発生的現象学におけるその運動発生論をめぐって努力なさっている論述の工夫が，先生の学問的な純粋記述に繋がっているのではないかと思っています。

⓫ 科学的な運動分析が強要される

金子：まさに先生のいわれる通りなのです。しかし終戦直後に，剣道や柔道など軍国的精神主義の格闘技がすべて連合軍総司令部から禁止令が出され，科学的運動分析以外はすべて例外なく排除される仕儀になってしまったのです。現在にいたるまでその思潮は続いているのが現状なのです。とにかく今のスポーツの学問領域では，自然科学的な明証性というのがすべてで，それ以外は一切認めない勢いなのです。そうすると，競技スポーツを専門にしている大学教員は随分と多いのですが，その教員たちは科学的運動分析で研究論文を書くしかないのです。それしか外部視点からの客観的な明証性は存在しないと断じられるからです。ところが，その科学的分析の成果は現実のキネステーゼ感覚発生に何一つ通底していないのです。

それが競技の感覚発生的な実践指導には何の役にも立たないことを本人が
よく知っているのです。だから，論文を審査する側が科学的運動分析の教
授たちがほとんどですから，キネステーゼ感覚論理を純粋記述した運動現
象学的論文は即座に客観性の欠落が指摘され，却下されてしまう羽目にな
ります。

山口：私が伝承研究会で講演［2017 伝承研究会］したときに，後で私のところ
に，データをまとめて論文にする手続きをお聞きになった先生がいらっし
ゃいました。その質問に対して，「まさか？」と思ったのですが，それは
事実だったのです。

金子：私からいえば，まったく反対の方向に進んでいるのです（笑）。過去
のデータから統計学的処理をしたそのような確率的予測そのものが未来予
持志向性の運動感覚システム（キネステーゼ）発生に繋がらないことは誰でも自らの身体感
覚で分かっているはずなのです。競技コーチだけでなく，学校体育の先生
自身も，生徒の肝心な〈動く感じ〉（キネステーゼ）には立ち入らずに，外から「頑張れ！」
と励ますしかないこの頃なのです。

山口：ああ，そうなのですか。データの集め方は先生をなさっているその方
のほうがよくご存じじゃないですかといいたかったのですけれど……。要
するに，データがどれだけ集まったところで，それを「どのように実技指
導に繋げるか」「どんなふうにそれを活用するか」ということがすぐに問
題になるはずなのです。

　　実は，それは現在の心理学研究で起こっていることとまったく同じなの
です。実験心理学では，「こういう時は人がどう反応するか」といったデ
ータを収集して，その研究成果を例えばリハビリの理学療法に活用しよう
とするのです。いわゆる科学的知見，脳科学の知見だけを丸暗記して「こ
うなるときはこうなっているからだ」という因果関係だけしか取り上げら
れません。しかも，そこで動いているときには「この筋肉がこう働いてい
る」と極めて精密な筋反応データを扱っているのです。

金子：まさにその通りのようですね。

山口：このときには，こうなっているのだと説明してもらっても，「ああそ
うなんですか」というだけであって，何というか，それを説明したところ
で実際の動きに何の役にも立たないのです。

金子：どうしようもないのですね。

山口：そうなのです。

金子：それを論文審査の先生たちがオーソライズすることになります。そういう論文審査のシステムができ上がっていますから，みんな科学的な運動分析しか取り上げなくなるのです。現象学的運動分析の論文を提出すると，それは非科学的論文だといわれて排除されてしまう笑い話は今でも現に存在しているのです。

山口：そうなのですか。これは，どうにかしなきゃなりませんね。

金子：是非にも先生のお力をお貸しいただきたいものです。

山口：できることはすべて行うつもりですが，「何をどうすればいいか」という問題性の解明こそ大切なのだと思います。

金子：でも，山口先生の多くの発生的現象学の著書を私たちの仲間はどんどん読んでいます。それは大変大きな支えになっています。

山口：それで，金子一秀先生と４年前くらいからずっとお付き合いさせていただいているわけですが，そういうスポーツ領域の発生的運動学と，発生的現象学とのコラボレーション，要するに共同研究というのは，今本当に必要なときだと思うのです。私も本当に是非ともお願いしたいものです。

金子：発生的運動学の学問的な基礎付けというのは，どうしてもフッサールの発生的現象学でなければできないと私は思っています。今の指導者は科学的運動分析のデータやそのメカニズムを呈示し，身体運動が成立する前提的条件をよく理解させることだけに専念しているのです。それは確かに必要な条件ではあります。その前提的な条件としての筋力や持久力などの体力をトレーニングし，後は合理的な学習マネジメントを呈示すれば，選手たちは自ら練習して目指す〈動きかた〉を身に付ければよいことになります。

山口：しかしそれでは，選手たち自身が独りで自問自答しながら運動感覚を身に付けていることになりますね……。その〈動ける身体〉の発生こそが謎に満ちた志向対象のはずですから，選手たちはそれで苦しんでいるのではないのですか？

金子：しかし，昨今の先生がたは，その練習のときに「どのように動けばいいか」は本人のコツとカンによるから，励ましの言葉かけこそ肝要だというのです。しかし，そこに欠損しているのは「どのように動けばいいか」

という感覚論理の〈キネステーゼ身体発生〉という主題そのものなのです。それを扱うのが発生的運動学の固有な役割の一つですが，その大切なキネステーゼ感覚発生の役割はすべて選手や生徒たちに丸投げしたままでよいのでしょうか。コーチも体育教師もそのコツやカンという運動意識の工夫は，学習する本人の問題であると断じて，その選手や生徒の「私の身体という固有領域」の深層にまで立ち入る必要はないとして，外部視点に立とうとします。

　その学習者たちの自主的な運動学習を客観的にマネジメントしてこそ合理的な充実を促進できると考えるのが一般なのです。もちろんその外部視点からの冷静な判断は大切ですが，肝心の謎に満ちた運動感覚システム発生の〈自体所与性そのもの〉は学習者に丸投げするだけになってしまいます。指導者がその謎に満ちたフッサールの指摘 [Hua. XI. §47 S.215 f.] する運動感覚システムの〈内的組織化〉[innere Organisation]，いわば〈意味形態化〉[Sinngestaltung] という奇妙な現象 [拙著『運動感覚の深層』§29，22 頁以降参照] を知悉していれば，いざという時に指導できます。しかし，その主題になるべき新しい身体発生の問題をまったく選手や生徒の自得に丸投げするのでは，運動学習の指導者の専門性はどうなっているのでしょうか。

山口：それでは，そのような主観的な運動感覚には，フッサールの意味の〈必当然的明証性〉が存在しないということになってしまいますね。

金子：そんな個人的な主観身体のコツやカンという運動感覚ヒュレーに科学的明証性があるとは考えられないというのです。いわば不可疑的な明証性の存在論は最初から取り上げようともしない素朴さそのものなのです。老練なコーチや生徒の身体感覚に共感できる教師の能力は，いわば単なる個人的な特技でしかないというのです。つまり，最初から学問的明証性とは，自然科学的な明証性しか認めていないのです。ですから，その老練なコーチの例証分析でも，論文審査ではみんな客観性の欠落が批判されて失格になってしまいます。だから，山口先生のような世界的な現象学者から，このような身体経験の現象学的時間化分析の方法論が開示されれば，現場の実践指導者たちはまさに干天の慈雨として感動することでしょう……。

山口：それを私が現象学の立場から論理的に開示するよりも，金子先生の現実態の身体経験に基づいて，先ほど話題になった 1958 年のモスクワ世

界選手権の〈わざの狂い〉から解放された事実にこそ本質法則が潜んでいると思います。

金子：しかし，そのような理解は，コツとカンの身体発生に苦しんできた私のような老骨の教師にしか通じないのです。

山口：そのような貴重なキネステーゼ身体発生の純粋記述のほうが，よっぽど力強い学問的明証性をもっていると思います。まずもって，遂行自我同士の共感的明証性がすぐにその人たちの響き合いとして生じます。それはまさにフッサール現象学でいう〈本質直観〉の〈必当然性〉[*Apodiktizität*]なのです。そして，先生が〈わざの狂い〉の克服の努力をとおして発生的現象学に行かざるをえなかったというところまで含めて開示されれば，そのボイテンデイクやヴァイツゼッカーの運動現象学的，および哲学的人間学的知見とともに，そこから時間発生論に入っていくことができます。その時間化分析においては，過去把持（レテンツィオン）と未来予持（プロテンツィオン）の地平場面が主題化されてきます。この時間流の原発生地平に気づく人と気づかない人では，そこにものすごく大きな開きがあるし，ここにこそキネステーゼ感覚論理の発生の核心があると思います。

金子：まさにその通りですね。

山口：ここの問題性をどんなふうに，ある種の分かりやすさで語ることができるのかどうかが，この時間化分析の核心をなしていると思います。いってみれば，これは，いわば純粋記述の仕方ですから，もう言葉の及ばない機微をどのように表現するかに苦労させられるわけです。しかし，どのようになったときに「時間発生の機微に出会えるか」という生々しい例証とか，それから「こうして現実態の身体知能が偶発した」と克明に純粋記述することが不可欠になってきます。実践的場面におけるキネステーゼ感覚論理の発生する例証は，数学的確率論によってそれを裏付ける必要はまったくないのです。

金子：今のところ発生的運動学としては，その現実態の身体知能の時間化分析を例証分析として開示することが求められています。この例証分析がいろいろな競技の各種目ごとに開示され始めました。しかも学校体育のキネステーゼ感覚論理を探る例証分析も出始めているので楽しみになっている昨今なのです。

山口：そうですね。そのような貴重な例証分析が増えていけば，スポーツの現象学的運動学も楽しみが増えますね。

金子：とはいっても，「それは単なる偶然の一例でしかない」とその例証分析に数学的確率を求める批判がしつこく追求されているのが昨今の実情なのです。それが主観的な偶然性に過ぎないとして，早々に排除されてしまうのでは，まさに遺憾としかいいようがありません。

山口：そうですね。もしそういうある種の二次的な意味で，現象学の支えが求められているとすれば，やっぱりそれは現象学者たちの責任でしょうか。ある程度の理論的な枠組みそのものは，フッサールもこれだけのことはすでに開示しているとしてそれを確認することができます。それは「自然科学と対峙するとどうなるか」という問題性として取り上げられます。志向性を問うことのない脳科学やリベットの主張は，原印象と過去把持のことが何も分かってないことを指摘して時間論をとおして理詰めで論証する方法もあるでしょう。しかし，それだけでは，どうしても読者層が限定的になってしまい，専門用語に直行してしまうのでは十分な開示とはいえないわけです。とすると，身体運動の具体例に即した発生的なスポーツ運動学と発生的現象学の協力関係が改めて問題になってくるでしょう。

⓬ 時間発生で架橋する運動学と現象学

金子：その問題は是非とも成功させたいものです。しかし今のところ，これまでの科学的運動分析一辺倒の風潮をどうやって喰い止めるかが問題です。スポーツの実践現場でやっているキネステーゼ身体感覚が開示されて，即座に動けるようになるのに，それは〈偶発的マグレ〉だから，確率論でその妥当性が開示されなければ，学問的妥当性は認められないと即座に拒否されてしまうからです。それらのボイテンデイクのいう身体知 [Weisheit des Leibes] や感覚論理 [Logik das Leibes] もすべて単なる身体経験だから，そこに普遍妥当性が認められないことになります。

　となると，コツとカンの身体感覚によって，こんな新しい〈動きかた〉が生み出され，ひどい欠点修正に素晴らしい成果を挙げても，そこには客観性が欠落しているとして，その運動学的論文は排除されてしまうのです。原発生地平の時間化分析によって成功したという例証分析を開示して

も，それは単なる偶発的事象に過ぎないから普遍妥当性は成立しないというのです。ここに至っては，ボイテンデイクの運動現象学における確率否定論を引用しても，何らの理解も得られないほどスポーツの科学主義は嵩じているのが現状です。

山口：そういうことがあるのですか……。

金子：実はこの現象学的運動分析に関心をもつ集まりがわれわれの運動伝承研究会なのです。この会は意図的に学会組織にせず，相互の研究交流を旨とする研究会に固執するのもそのためなのです。もう二十数年になります。

山口：そんなに長くなさっていてもですか……。

金子：この伝承の集いは，最初のうちは温泉巡りの雑談的飲み会でしたが，次第に〈動く感じ〉を伝える難しさに気づき，運動伝承の研究会という活動に切り替えたわけです。ですから，みんな実践指導や動感発生に悩んでいる人たちの相互交流，相互研修の集会なのです。彼（金子一秀先生を指して）などは選手時代に，鉄棒のイエガー宙返りの新しい技術開発に打ち込み，重なる怪我に苦しみ続けたものですから，一番先に発生的現象学に関心をもったようです。筑波大学の大学院を終わったらすぐに現象学会に入ったのもそのためかもしれません。

　　直に〈動く感じ〉の働く〈身体感覚〉に向き合っている選手ほど「時間化」という発生論の重大さに気づくものです。その時間発生の現象学こそが選手やコーチを惹き付けて止まないのです。最近では多くの人たちがやっと気づき出して，勝れた例証論文が見られるようになりましたが，未だに科学分析の頑強な抵抗に苦労させられているのが現状です。だから，世界的に著名な山口先生の力で，運動現象学的論文が学術論文として認められるようにご支援いただければ，実践現場で苦労しているコーチや研究者のなかには双手をあげて喜ぶ人がたくさんいると思います。

山口：学術論文の領域で理論的に突き詰めていく仕事は，これまでかなりの訓練は経ており，理論的基礎づけのお手伝いはできると思います。ただし，日本の学会での傾向として，その人の議論の内容を批判した場合，まるでその人の人格や生き方を批判していると受け取られ，誤解される危険があることをいつも自覚しておく必要があると思います。

金子：ドイツでは，みんな *sachlich*［事象に即して］ということを大切にして

いるのを私もよく感じています。

山口：そうなのです。あらゆる学問は当然 *sachlich*（ザッハリッヒ）でなければなりません。

金子：たしかに日本では，特に大学の講座制では多くの問題があって，学生紛争の起点にもなりましたね。競技スポーツでも，監督は選手をエントリーするかどうかという生殺与奪の権限をもっていますから，どうしても監督やコーチには逆らえず問題が深刻化することがよくあります……。

山口：そうなのです。それに加えて学会などでは，日本の研究者の方々は，とても強（したた）かで，そう批判されても，ほとんどの方は，「そうですねえ，ご尤もです」とされ，その批判に直接，反論することは滅多にありません。ところが10年くらいたった後で，もう事が落ち着いたときに，そこで批判された事柄がまるで自分の意見であったかのようにいい出したりもします。何というか，まさに底なし沼みたいに，一切合切をすべて呑み込んでしまうのです。いろいろな意見が意見としていわれても，直接それに対する何の反論もしないままに「そうなるかもしれません」と曖昧のままにします。ですから，それはある種のすごい吸収力というか，そうすることでいつの間にか日本化してしまうのです。

金子：日本人には，そんなところがあるのかもしれませんね。

山口：何か，それは「狡猾さ」というものを超えてしまっており，それが例えば〈風呂敷文化〉などと表現されたりもします。要するに，ある種の日本人の持っている包容力というか，そのまま受け止めておく能力とでもいうように……。

金子：これは，昔から日本は，いわば島国ですから，大陸からどんどん文化が入ってきても，結局その後は太平洋しかないから出て行くところがないのです。ある先生は，それをよく〈糞詰まり文化〉というあまり品のよくない表現を使っていました。だから，それだけ包容力といいますか，人を傷付けないままに沈澱することになるようです。そこから島国特有な日本的な気風が生まれるのかもしれませんね。

山口：そうですね，何かある種の「凄さ」が感じられます。だから，言葉にしなくても，その勘所を押さえているというか。自分で反論はしないけれども，「ご尤も」といいながら，偉い先生に文句をいうわけにもいかないまま，まずは矛を収めておくといった具合でしょうか。

金子：やっぱりそこには，わが国古来の技芸伝承における師匠に対する尊敬と憧憬から醸成される態度が息づいているのかもしれません。能楽の宗家や武術流派の創始者に対する態度のなかには，その沈澱した芸道的思想が流れているのでしょうか。それは師匠にしかできない技芸への尊敬と憧れがその態度を取らせるのかもしれません。もっとも，現代のマネジメント好きなコーチや体育教師には，芸道的な技芸の〈冴え〉や〈感覚論理〉が通じるはずもないのですが……。

山口：そこでは，謎に満ちた運動感覚（キネステーゼ）そのものに関心がなくなってしまったのでしょうか。

金子：でも「どのように自分が動くのか」という〈動きかた〉は，コツとカンという身体感覚でしか生み出せません。外部視点から客観的なメカニズムの欠損を指摘しても，選手も生徒も直ぐに動けるようになるはずがないのは誰にも分かり切ったことではないでしょうか。

山口：そうですよね，今のうちに何とかしないとなりませんね。

金子：自分の身体感覚でしか動けないのに，ロックのいう〈一次性質〉［物の物理的性質］として，運動も形態も計測して科学的に分析ができると勘違いしてしまうのです。だから，これは競技でも，学校体育でも，喫緊の課題になってくるはずです。まずもって，17世紀の〈ロックの呪縛〉［拙著『わざの伝承』162頁以降参照］から解放され，運動分析の科学主義を喰い止めて，現実に動こうとする選手や生徒たちの動感の身体発生（キネステーゼ）に立ち戻らなければなりませんね。

山口：その通りなのです。せっかく，貴重な身体経験や微妙な運動感覚に気づいていても，それが開示されずに流れてしまうことが危惧され，結局，何一つ動きを身に付けることができなくなるのですから。

金子：そうなのです。だから，近年の科学的運動分析の著しい進歩に即して，再びスポーツ科学でも，超高速の映像分析法（キネマトグラフィー）を取り上げれば，どんなウルトラＣも即座に開示できると叫ばれたりします。ＡＩといわれる人工知能によって，戦術も技術も格段の高度なレベルに引き上げることができるという問題が取り沙汰されること頻りです。スポーツの身体運動を全部科学的に分析できるから，今更ややこしい難解な現象学的分析に入る必要はないという声さえ高まっているのです。

山口：まさにその流れは大きくなっているのですか？

金子：だから，スポーツの実践現場にいるコーチや体育教師は，実技実習は昔とは比較にならないほど軽視されているのが現状です。スポーツの実践現場では「どうすればうまく動けるようになるか」「どうすれば自分の動く感じを掴めるか」という〈道しるべ〉はないのですから，苦労するのは生徒たちや選手なのです。何といっても，動く感じを掴むには，動きつつある〈今ここ〉を感じ取り，「自分をどう動かすのか」という〈動きかた〉の発生現象に向き合わなければならないのです。

⓭自然科学の客観性とは何か

山口：そこで一番ネックになっているのは，金子先生はどういうことだと思われますか？　そういった現象学的運動学の立場と自然科学的な立場が正面衝突するとき，その場合にどうして即座に科学的運動分析の方に靡いてしまうのでしょうか。

金子：一言でいうと，誰にでも納得できる客観的妥当性がそこに存在しているかどうかでしょうか。二言目には，万人に通用する客観的な自然法則が開示されなければ，学問的妥当性は認められないということにあります。

山口：その場合，客観性の中身の問題を突き詰めていくと，要するにそれは，因果法則的客観性ではないでしょうか。そのとき，例えば，ビリヤードの玉 A が B にぶつかる時，B はどの方向に，どのぐらいの速度で動き出すか，といった物の衝突の時の法則性が問われています。

　最近の脳科学研究の成果としてよく取り上げられる，ベンジャミン・リベット (1916 - 2007) によって発見された私たちの心の働きとされる「意識」の働き方についての脳科学的発見があり，それを三つの論点にまとめることができます。

　まず第一に，「人のすべての意識は 0.5 秒間の脳内活動の後に生じる」とされ，この法則は世界中の脳科学者による追試をとおして客観的に妥当すると証明されました。

　第二に，私たちが日常生活で，現実に起こる出来事にピッタリ即応できている（例えば，閉まりかけたドアに足を入れて開けたままにする）のは，それが意識される 0.5 秒前の感覚が始まる時点まで（それが脳内の初期 EP 反

応と呼ばれます）精神が遡って，その0.5秒を帳消しにしている，それが
まさに意識が生じることに他ならないと説明しているのです。

　第三にでてくる問題点として，脳内活動そのものは，物理化学的な因果
関係の規則で支配されていますので，このままでは，自分で意識した，意
図的な自由な行動の余地がなくなってしまい，自分で決めたとする行動が，
実は，0.5秒前に，物理化学的に決定されており，自由な行動とは，幻想
に他ならないことになってしまいます。したがって，人間は，意志の自
由か，客観的な物質による因果的な決定論かの選択の前に立たされること
になるというのです。そこでリベットは，この困難を乗り越えるために，
自分の実験結果に矛盾する結論を導きだします。人は，実際に行動が遂行
される0.15秒前に，「それをなしてはならない」とする行動上の〈拒否権〉
を発揮することができ，拒否するためには，通常，必要とされる0.5秒間
の脳内活動は必要としないとするのです。

　この三つの主張に対する批判になりますが，まずは二番目の論点である，
現実の出来事に即応できるのは，感覚刺激の始まりに，客観的に過ぎ去っ
ている0.5秒を遡る精神の能力によるとする説明の不合理性を指摘せねば
なりません。世界の現実の物理的変化に即応するために精神の能力が必要
になるということは，つまるところ，客観的同一性が成り立つためには，
精神による主観の関与が必要とされるということですから，客観と主観の
二元論に他ならず，物理的客観で意識の主観が説明できるとする自然科学
の自然主義の主張そのものに矛盾してしまうことになります。どうしてリ
ベットは，この単純な矛盾に気づくことができないのでしょうか。

　第三の論点の自己矛盾も明白です。すべての意識が0.5秒間の脳内活動
が必要とされるとするリベット自身の主張が，「〜するな」という否定の
意識だけがその0.5秒を必要としないとする不合理な矛盾に陥ってしまっ
ています。そもそも選択の自由といった人間の「意味づけと価値づけ（志
向性）」と不可分な意識の領域を，まったく志向性そのものを，主観的と
してその研究領域から完全に排除しているはずの自然科学としての脳科学
研究が，何の前提もなしに精神の働きとしての主観を主張できるとする方
法論の崩壊をどう理解すれば良いというのでしょうか。物質から精神を説
明するはずの自然科学的世界観が，再度，デカルト的二元論に陥っている

自己矛盾に陥っていることは明らかなのです。

金子：いわば，もともと〈客観〉(*Objekt* < *ob* + *jacere* ＝ 向こうに＋投げる）というのは，結局，「こっちから向こうの対象に向けて投げる」のだから対象が「向こうにある」という意味ですね。それは主観身体が向こうの対象に向けて投げるのですから，その客観的な外部視点は主観身体なしには成立しないはずです。

山口：そうですよね。

金子：主観的な意識内のことについていうと，それは主観的記述で客観性がないから駄目だというのでは，その論理は通りませんね。

山口：つまり，そういったときに，外部視点から向こうにある対象を見ている主観がなければなりません。その向こうの外のものがどんな規則性で起こっているか見てくださいとして，それは実は0.5秒の間，脳内活動が起こり，その一番初めの刺激のところに，あなたの主観が戻っていると脳科学者が説明するのです。そうすると，あなたの主観が働かなければ，外の客観は時間通りに見えないことになります。そもそも，意識の内である主観的なことなしに，客観的なものは存在しえないはずです。とすると，「主観的で駄目だ」と批判するあなたの主観が客観的であるという保証は，どこにもないことになってしまわざるをえないのです。

金子：そこでは，そのような論理矛盾をそこまで突き詰めて考えないのですかね……。

山口：そういうことになりますね。

金子：自然科学の方たちはいったい何を見ているのでしょうか。

山口：客観的だといいながらも，対象を見て観測し，その数値が上がり，そこに因果法則が存在するという。すべてをまるで物体の運動のように見ていることになります。それは同時に，もちろん，人間の身体運動も，よくできた機械の運動と同じで，人間の身体は，よくできた機械であることになります。これでは，「より速く」「より高く」「より美しく」といった選手の意欲が機械としての身体からでてくるはずもないことが，みんな分かっているはずなのに，あくまで運動能力を機械のように計測できるとするのは，自分が何をしているのか，まったく分かっていないとしか表現のしようがありません。

金子：だからこそ，この頃は客観的法則ということよりも，主観身体の〈感覚の働き＝能力〉に注目するようになってきてはいるのです。例えば，スイスの有名なホドラーという画家の画いた「木樵」の名画がありますね。それは木樵が斧を高く振り上げて，まさに振り下ろす一瞬を捉えています。そのときに，名画を見ている人に「今息吸った？」「それとも息を吐いた？」と聞いてみますと，「ほう，素晴らしい名画だ」と息を吐く人が一般的です。ところが，その絵を見た途端に，「息を胸一杯に吸って，一瞬息を止める」人もいるのです。その人は，その絵を見た瞬間に，自分がその木樵の身体感覚に越境して，自分が斧を振り下ろす身体反応がそこに受動綜合化しているのです。共遂行による〈キネステーゼ共感〉が知らずに，いわば受動綜合化という謎に満ちた身体発生の現象としてそこに生起しているのです。

　そこでは，ホドラー自身の表現しようとする名画の高次元な世界にまで越境していることになります。スポーツ実践の身体発生世界は，端的に外部視点から見ていても，まさにキネステーゼの働く主観的身体が絡み合ったフッサールのいう〈二形統一態〉[Zwittereinheit, E.u.U.: S.417] が機能しているのです。だからスポーツ運動学の分析対象になる奇妙な〈身体知〉の世界は，万人に通じる因果法則的な客観世界とは異質なキネステーゼ感覚の働く〈感覚論理〉の世界であり，「分かる人には分かる」し，「分からない人には分からない」という謎に満ちた可能態の身体能力が大きな役割を果たすことになります。

山口：恐らく一つのキーワードになるのは，今，先生がおっしゃっているように，主観と客観の対立なのだと思います。これは，デカルト以来ずっとそうなっているわけですけど，やっぱりこの二元論を哲学的にどう理解するかということが，一つのキーポイントであるかもしれません。

金子：私もそう思います。

山口：このことは，現象学の中ではなじみの問題ですので，その解決の糸口は見出すことはできると思います。

金子：だから，それらのことが相互主観性とか，間身体性とかいう問題圏のなかで，学問的にその正当性が理論化されているはずなのに，それを万人に納得させるようにするのは容易なことではないのです。

山口：そうなのでしょうね。そのときの手順というか，〈道しるべ〉を立てて，それが少しでも分かりやすくなるように開示することは，私たち現象学者がなさねばならない課題であると思います。

金子：現象学の先生方がそういう主観と客観の絡み合う奇妙な問題を繕いていただければ，実践現場の競技コーチも学校体育の先生方もどんなに助かるかしれません。

山口：そうなのですが，金子先生のようにスポーツ運動学と現象学の二つの学問領域に通じておられる方が感じ取られているその謎めいた身体感覚の経験と，私たちの現象学者の探求とのすり合わせがうまく機能していないのかもしれません。そして，その現実態のキネステーゼ体験と現象学的な記述のすり合わせをするときに，その現象学的な専門用語は使わなくても普通に問題が理解できて伝わっていけることが理想であり，できればその専門語をひかえ，より一般的な言葉で説明できることが目標になると思います。

　　日常の表現で説明しても，万人に通じるようになり「そうだね，そういえばそういうことが起こっているかも……」という具合になればいいわけです。それによって，もっと現象学について興味ある人は発生的現象学の門を叩き，あるいはスポーツの発生的運動学の専門的なことに興味のある人はそれなりの専門書に入っていくという形に導くことができればよいのでしょう。そういったある種のスポーツ領域における発生的運動学と発生的現象学との共同執筆による，平たい言葉での入門書ができれば，その両者の橋渡しが実現すれば，現象学的スポーツ運動学はさらに飛躍的な発展に繋がることになると思います。

金子：それをやっていただければ有り難いことです（笑）。まあ確かに，現象学の専門用語は難解そのもので，スポーツ領域の人たちから敬遠されているのは事実です。例えば，過去把持とか未来予持とかいう難しい表現に出会うと，それだけで尻込みしてしまうのです。確かに，時間を時計で計れると考える競技世界では，その時間発生を取り上げるというだけでも奇妙に思うのが一般です。でも，競技に打ち込んでいる選手たちは，その〈時間化〉という発生志向性が具体的に開示され，説明されれば，たちどころに了解できると思います。その後で〈過去把持〉とか〈未来予持〉といわれようが，*Retentionalität*［把持志向性］や *Protentionalität*［予持志向性］でも，

すべて通じてしまうのです。

山口：私も思うのですが，やっぱり結局二刀流でいくほかないかなと思って
　　　います。つまり，入門書のほうは，まったくガラッと砕いてしまって，誰
　　　にでも，いわば万人によく了解できるように記述することが肝要ですね。

金子：そのような入門書ができれば素晴らしいことでしょうね。

山口：高校生くらいでも読めるようにしたいと。

金子：それがもう私には難しいのです。私のように末期高齢者になると，ど
　　　うも気が短くなってしまって，後は若い人にお願いするしかないようです。

山口：その専門書は専門書で，もう専門家に向けて書けばいいのですから，
　　　それはいってみれば，専門家としては，仕事として十分にこなせることと
　　　いえます。

金子：そうですね。しかし，一般の人に，いわば万人に分かるように書くと
　　　いうことは大変気苦労の多いことではありますね。

山口：難しいですね，確かに。

金子：でも，それは絶対必要なことなのですね。

山口：少なくとも選手たちには通じる，あるいは実践的なコーチには通じる
　　　くらいの言葉にできればいいですね。

14 ゼロキネステーゼと喃語の成立

金子：ところで，山口先生，一つ質問があるのです。この間の伝承研究会
　　　[2017] の基調講演で，先生は「ゼロのキネステーゼ」という問題圏に立ち
　　　入ってお話になりました。そのとき，〈喃語〉という表現を使われましたが，
　　　あの喃語はドイツ語の専門用語はないのでしょうか？

山口：それはちょっと調べたことがあるのですが，言語心理学の領域では，
　　　Kanonisches Lallen あるいは，*Lallen, Plappern, Brabbeln, Babbeln* といわれているよ
　　　うです。*kanonisch* は「標準的」といった意味ですので，主だった動詞であ
　　　る *lallen* は「舌足らず」とか，「ろれつが回らない」とかいう意味で，「喃語」
　　　という訳語も当てられています。

金子：日本語の〈喃〉っていう字は面白いですね。無意味なことをグジュグ
　　　ジュいっているという……。それを〈喃語〉と訳した人は誰ですかね？
　　　うまいなぁと思っています。

山口：そうですよね。やっぱり訳した人いるはずですからね。

金子：だから，訳したのだからそこで話されているのはどういう言語だったか。

山口：絶対あるはずですね。日本語から出てくるわけがないですから。

金子：あれはメルロ゠ポンティがどっかでいっていたような気がするのですが。

山口：ああそうだ。メルロ゠ポンティがいっていると思います。メルロ゠ポンティの『意識と言語の獲得』という著書があって，ソルボンヌ大学での 1949 年から 1950 年にかけての幼児心理学の講義で，喃語について語っています。でも，そこでは，喃語という現象が生後 2 ヶ月ごろから起こり始めるとの一般的な報告がなされているだけです。しかも，この講義は，1949 年から 50 年にかけての講義ですが，フッサールはすでに，1935 年に書かれた草稿の中で，喃語という言葉は使わないのですが，「母親は彼女なりに似たような音声を，幼児の音声をまねて発話する。幼児はそれを聞き，それをもつのだが，そこには帰属する連合的に覚起されるキネステーゼが，そこに共にあることなしにそうあるのであり，その代わりに，そこからその産出が始まるようなゼロのキネステーゼがそこにある [*Hua, XV.Bl.45/* 邦訳，『間主観性の現象学』その方法：501 頁および次頁] といっているのです。

金子：そうですか。やっぱり当然ですが，メルロ゠ポンティよりもフッサールはすでに先行して取り上げているのですね……。

山口：はるかに，先に行っています。相互主観性とか，間身体性とか，実際の分析の水準と深さは，フッサールのほうがはるかに上ですね。この喃語の模倣分析では，受動的綜合である連合の概念が使われて，ゼロのキネステーゼが受動的志向性の充実ないし不充実をとおして明証的に分析されていきます。それに対して，メルロ゠ポンティは，連合をイギリス経験論でいわれる連合としてしか理解していないのです。

金子：そうですか。山口先生の著作を読んで，いつも感心するのは，すべてフッサールに絞り込んで，その源泉に遡源して示してくれていることです。

山口：ええ。というのも，ほかの著書を読んでも，経験を純粋に記述する努力の足りなさといいますか，その現象学的分析の深さがまるっきり違うからなのです。

金子：もちろんメルロ＝ポンティやヴァイツゼッカーも立派な学者ですから，それはそれで問題を開示していますけど，やっぱりその源流はフッサールに回帰することになりますね。ヴァイツゼッカーの『ゲシュタルトクライス』を仏訳したアンリ・エーは，ヴァイツゼッカーの思想を知るにはフッサールの発生的現象学に回帰することを勧めているのはまさに正鵠を射ている指摘だと思っています。

山口：いってみれば，フッサールの著作はまさに宝の山なのですから……。

金子：まさにその通りですね。

山口：金子先生の長い実践指導で経験なさったさまざまなキネステーゼ身体感覚の具体的な中身が先ほどのお話のように，流れ去って消滅してしまってはなりませんので，純粋記述による文字にして残す必要があると思われます。

金子：そうですね……。たしかに，一見奇妙に聞こえるキネステーゼ的な感覚論理の純粋記述だけをまとめておくのも大切なのでしょうね。でも，その奇妙なキネステーゼの働く身体知を現象学的に分析するのも大変な仕事になるので，むしろそれらの実践的身体経験を肩の凝らない対話的エッセーとしてまとめるのもいいかなと思っています。

山口：そうですね。おっしゃる通り，実践的な身体経験を語るというそのことが大事だと思います。後の人が論文の新しい着想を得るきっかけにもなると思われます。

金子：例えば，東京五輪 (1964) で個人総合に優勝した遠藤幸雄選手ですが，その 2 年後のドルトムント世界体操選手権に同行したときに，平行棒の後方宙返りで外へ出る下り技が怖くてできないと突然いい出して相談にきたことがありました。聞いてみると，「先生，バーの上に落ちそうな気がするのです」といいます。そこで「普通のウォームアップのように足もバラバラにして見せてくれ」といったら，「それは何ともないです」といって素晴らしい雄大な宙返り下りができるのです。

山口：「足がバラバラでもいい」とおっしゃったのですか？

金子：「それじゃ姿勢減点が大き過ぎるから」今度は「下駄を履いて［爪先を伸ばさないという慣用表現］，足は少し開いていてもいいよ」と……。それでやったら，「あ，先生，もう何ともないです」という。「それで試合に

入れ」と命じたことがありました。

山口：そうですか。

金子：少々爪先が伸びずに，足が1センチ少々開いていても，遠藤選手の倒立の冴えは消えないほど，見事な脚線をもっていたからです。それを知悉している私は宙返りの開始局面に不可欠な〈吸気による肩の引き上げ〉というモナド意味核 [『わざ伝承の道しるべ』§54参照] を先触発の受動的発生に持ち込もうとしたのです。そのためには，ヴァイツゼッカーのいうように，いろいろな達成原理 [Leistungsprinzip : "Gestaltkreis" S.4f.] に基づかねばならず，単なる因果法則的な伝導原理 [Leitungsprinzip] だけでは不可能なのはいうまでもありません。私は試合の時の倒立位における過緊張を消すために，遠藤選手の後方宙返りに入ろうとする開始局面における過去把持の地平分析を取り上げたまでです。そのためには，遠藤選手の主観的な身体感覚に共遂行的な共感越境をして，選手とコーチとのフッサールのいう我汝連関 [Ich-Du-Konnex] のなかで動感連帯感 [kinästhetisches Solidarisierungsgefühl] を共有せざるをえないのはコーチによる修正指導の前提となります。コーチと選手とは，間身体性として対化していなければ，わざの修正指導に成功できるはずもないからです。

山口：そういうときの，まさに選手の身体感覚への共感的越境の問題なのですね。その少し脚を緩めたら，その原感情の問題も含めて，運動感覚システムのメロディーが浮上してくるという実践的指導経験とを理論的に問い詰めれば，やっぱりそれは時間発生の開示問題に繋がってくるのですね。

金子：そう思います。結局，時間化分析の問題をどのように指導実践に移せるかという方法論になってくることになります。

山口：結局，本源的な時間発生の触発問題はそこに関わってくるわけですね。

金子：そういう例証分析の実践的道しるべは日常的にたくさんあります。みんな，老練なコーチやベテラン教師はその現実態の身体知能をもっているからです。それで親身に感情移入しながら指導に携わってきましたが，昨今ではマネジメントを優先させる監督やコーチばかりで，監督と選手との間の指導方法論に〈動感連帯感〉という〈原事実〉[拙著：『わざ伝承の道しるべ』，§14‐129頁参照] の本質的関係に不幸な乖離が起き始めていることも周知の通りです。

山口：それは教えていらっしゃるその実践的な指導経験と，かつて経験なさった貴重な現実態の感覚ヒュレーを照らし合わせてこそ，真の意味での客観性ができあがるはずのものであるわけですね。

金子：その通りかもしれません。ところで，私は山口先生がどうしてこんなふうに技芸（わざ）の深層に関する機微に触れるような発言をなさるのか，常々感じ入っていました。フッサールの時間流の原発生地平性を読んでいる時など，どうして現象学者はわれわれの技芸の動感システムというモナド意味核に迫ることができるのか，いつも疑問をもっていたのです。フッサールなどの現象学者も，何か競技か美術工芸に深い身体経験をもっていたのかなどつい考えてしまうほどだったのです。

山口：それは，時間論に入っていったことがやはり，決定的だったと思います。

金子：山口先生は剣道をやっていたから，機を見て一気に打ち込む時間化能力が身に付いているからだと思っていました。

山口：まあ，それはそうかもしれません。

🔟身体経験を純粋記述する

金子：キネステーゼ身体感覚の深層問題に入っていくということは奥が深いので大変ですね……。

山口：ドイツの大都市，例えばベルリンとか，デュッセルドルフとかでは，必ず剣道のグループとして 20~30 人のグループができていますが，私が（1974 年から）留学したその当時，ミュンヘンにはなかったのです。そこで，私は自分も剣道と禅を続けたいという思いがあったものですから，ミュンヘンにいたときに剣道に関心のあるドイツの方々と一緒に剣道のグループを立ち上げました。

金子：そうなのですか……。

山口：そういうこともあって，剣道のことはずっと頭にあり，禅への関心も高かったのです。それで，自然と禅とキリスト教との対立する精神の狭間といいますか，そこに対立する見解の解決できる糸口はないのかということを現象学に求めていくことになりました。そして，やっと行き着いた先がフッサールの発生的現象学だったのです。

金子：戦前の私たちの時代では，昔は中学が 5 年まであって，旧制高校に入

ると，例えば西田幾多郎の『善の研究』とかを読み込んでおかないと，その寮生活で除け者にされて，話にも入れてもらえない時代だったのです。だから，みんなそのような東洋的な荘周の技術論や禅仏教の思想にのめり込むのが当たり前だった時代でした。

山口：それは戦後とは大違いですね。

金子：戦後になって，アメリカや西欧からスポーツの科学的運動分析が堰を切ったように入ってきたのです。私の同級の中には，日本トップクラスの剣道や柔道の有段者が多くいました。教授のなかには，現代の宮本武蔵と謳われていた中野八十二先生という剣道の名人もいらしたほどです。しかし，戦争が終わった途端に，連合軍総司令部からその活動は一切すべて禁止されてしまったのです。

山口：すべて禁止なのですか？

金子：そうです。日本は占領下にあって敗戦国ですから，その GHQ と呼ばれていた連合軍総司令部からの命令は絶対でした。しかしみんな隠れて稽古はやっていましたけどね。柔道は，割合早く禁止令が解除されました。というのは，アメリカ兵の中には柔道や合気道あるいは空手などに興味をもつ人が多かったからかもしれません。

山口：珍しいのでしょうね。

金子：合気道や空手などには特に興味がもたれていました。しかし，剣道や弓道などは最後まで排除されていたのです。それは軍国的精神主義のシンボルだといわれて……。

山口：そうですか。その東洋的な身体文化が，戦後になって急にタブー視されることになったのですね。それにしても，東洋的な身体文化は独自な内容をもっていますね。戦前から鈴木大拙を通じて，禅は欧米にも紹介されて伝わっていました。

金子：そうですね。

山口：それで，オイゲン・ヘリゲルのような東北大学の哲学教授として来日し，弓道を真剣に学ぶような人たちもいたわけです。そういう流れとは別に，現象学者のフッサールのように，東洋的なものとはあまり関係がなかったにもかかわらず，彼の偉いところは，要するに，相互主観性の問題は身体を介さなければ，絶対に解けない問題だということが原理的に明瞭に

理解していたところだと思います。

　ですから，相手の心と体というときに，身体を通じて相手のことも分かるという相互主観性理論の要になっているのが，いつもその身体それ自体であるのです。このことはメルロ＝ポンティも強調していますが，フッサールの運動感覚や触覚の分析や最近邦訳された『イデーンⅡ』の中での感覚や身体の分析は，無意識の身体性にまで及んでいます。また相互主観性の鍵概念になる「感情移入」の分析の仕事はフッサールしか取り組んでいませんでした。ところで，あのマイネルのような人間学的な実践運動学の方向というのは，客観的な自然主義的立場 [*naturalistische Einstellung*] しか知らない人が見ると，何が意味されているか理解できない人も出てくるでしょうね。

金子：自然科学的なバイオメカニクスやサイバネティクス的な運動学しか知らない人が多いわけです。しかし，指導実践に苦労している現場の研究者たちからは大変喜ばれて，すごい人気が出てきたのです。

山口：そうでしょうね。

金子：そりゃ現場のコーチや選手たちはそういうのが直に自らのキネステーゼ身体感覚に共鳴するからなのです。

山口：よく納得できます。

金子：人気のあるマイネルの実践的運動学に反対する人は，客観的な精密科学的な生理学や心理学の教授たちであり，そんな主観的な単なる感覚を分析する運動学は，そこに不可欠な科学的明証性が欠落しているというわけです。

山口：そういう実践理論を大事にする世代がだんだん育ってきて，古い教授は次第に少なくなっていくわけじゃないですか。それにもかかわらず，そういう大きな流れが作られちゃったのは，やっぱり戦後のアメリカから来たキネシオロジーという統合科学的運動学や西欧からのバイオメカニクス的運動学のせいでしょうか？

金子：まさにそうだと思いますね。やっぱり科学主義的運動学の優位は連合軍を統括していたアメリカ直輸入の運動学だからでしょう。だから，その頃はもうドイツでは，現象学的モルフォロギーが注目され始めていました。ドイツでフッサールの『イデーン』のⅡ，Ⅲが上梓 (1952) された頃なのです。今から考えれば，西欧圏では新しい発生現象学が動き出している

のに，戦後の日本のスポーツ領域はがっちりと抑えこまれていた感じでした。それで，科学主義的運動学以外は学問的明証性が成立しないということになっていたのです。しかし，競技スポーツの実践現場では国際的な世界選手権やオリンピックで活躍する選手たちやコーチは，非科学的といわれてもいいから，競技で勝利する方向を取ろうと覚悟を決めていたのです。

山口：カンとコツの一元化した運動感覚（キネステーゼ）世界に戻ろうとしたということですか？

金子：そうです。もうわが国古来の芸道の世界に戻ろうとしていたのが，ヘルシンキ五輪以降に活躍したレスリングや体操競技，あるいは東京五輪で東洋の魔女と恐れられた女子バレーボールの活躍が目立ったのです。

山口：ああ，そうなのですか。

金子：ところが，東京オリンピックが終わって，再び学校体育と競技スポーツ領域は科学主義に戻っていったのです。だから，私たちの時代の1950年代から60年初期くらいの指導者や選手たちは，今から考えてみると，みんなカンとコツの一元化された運動感覚（キネステーゼ）システムで勝負を打ってきたことになります。現象学的な感性学的身体学 [ästhesiologische Somatologie: Hua.V.§3]が基盤に据えられていたのです。それが70年代に入ったころから，日本の体操競技もモントリオール五輪 (1976) を最後に世界の王座を明け渡すことになります。私自身は1972年のミュンヘン五輪から約10年間，国際体操連盟の男子技術専門委員に選ばれ，その副委員長の時には男子体操のルール改正の責任者でした。そこで私は演技採点のルールはすべて現象学的感覚質を大事にした厳密なルールづくりに専心していたのです。

　しかし，ソ連のアフガニスタン侵攻のため，モスクワ五輪はアメリカを筆頭にして自由圏諸国はすべてモスクワ五輪をボイコットする政治紛争に発展してしまいました。私は国立大学の教員ですから，パスポートがもらえず欠席しましたが，選挙では再選されつつも，何か嫌気がさして引退を決意しました。それを機に，筑波大学で現象学的運動分析の研究に没頭できることになったのです。その後，国際ルールの責任者は科学主義の方が受け持つことになり，それまでと様子が一変したのです。その採点規則には角度や時間などの数学的概念が入り込み，ますます科学的な判定基準に時空間の精密な計測が重視される傾向を強めているようです。

山口：いったい，運動の何をどのようにして計測するのですか？

金子一秀：幾何学的角度や静止時間や演技時間の計測などです。結局，体操競技の試合における審判員の見る目はいい加減だから，より精確に判定しようとするのでしょう。

山口：レーザー分析をするのですか。

金子一秀：レーザーを，何万本と放射して……。

山口：ああ，この間，ちょっとテレビでやっていましたね，そういえば……。

金子一秀：それで，すぐそれが三次元で再現されるメカニズムを今度の東京オリンピック (2020) で使いたいというようです。

金子：いや，これは大変な問題なのです。AIで，つまり人工知能のテクノロジーが体操競技の審判員に代わろうとして乗り込んでくることになります。

山口：分かります。はい。

金子：今に，体操競技界で人工知能の審判結果と生身の審判員との不幸な角逐が起こるかもしれませんね。

山口：典型的なのは，あれはオーストラリアのシドニー五輪だったかな，柔道の判定を巡ってトラブルが起きましたね

金子：ああそうです。フランスのレフェリーが〈内股すかし〉という技が理解できなかった事件でしたね。結局，そのままになってしまったのですね。

山口：そうです，そうでした。

金子一秀：あのときの篠原選手は何もいわずに……。

山口：あんな莫迦な話が現にあるじゃないですか。形だけ見て，どっちが先に足が着くかみたいな話になるのですね。それで片付けられてしまうわけでしょ，いってみれば。

金子：山口先生はその当時に気が付いていたのですね。それは，運動感覚質の問題が物理量の精密計測問題にすり替わってしまう本質問題になります。

山口：いやいや，それはもう大きな問題になっていましたね，あの頃から。

金子：だから，一緒にその会場の現場で見ていた柔道専門の人たちは，どうしても納得できないと不満で激昂していましたね。

山口：そんな莫迦な話があるかってね。

金子：フランスのレフェリーがつるし上げを喰ったのです。だけど，いっぺん決定したことは変更できないことで幕を引いたのでしたね。

金子^{一秀}：でも，VTR を撮ってあったとしても，それをいくら反復しても，計測しても，そのわざの成立の価値基準が定立していなければ，いくら再生しても，水掛け論です。たとい超高速の VTR を用意しても，キネステーゼ感覚システムによる〈動きかた〉の価値感覚の判定基準が確定してなければ，それは無意味^{ナンセンス}なのです。

山口：そりゃ，同じことの堂々巡りですから……。

金子^{一秀}：分かる人には分かるし，分からない人には分からないのです。

山口：そうそう，分からない人には分からないですからね。

金子：みんな二言目には頭から〈身体感覚^{エンプフィンドネス}〉の問題を単なる主観的感覚と莫迦にするから困ったものです。

山口：なるほど。

金子：こういうことが具体的に争点になる競技スポーツは，いまに AI に全部取って代わられてしまうことになりますね。もう陸上競技の 1,000 分の 1 秒の計測値はほとんど人間の感覚が入っていないのですから。それはその空間をスライスして，時間でなくて空間なのですから……。それでトランク（胴体）のどこがその線内に入ったかを判定するのはどうするのでしょうか。それが今は 100 分の 1 秒までしか呈示していないだけです。

山口：結局，それは絶対同じにはなりようがないじゃないですか。

金子：なり得ません。山口先生，どこかで書いていましたね。

山口：ええ，同時金メダルの場合の 100 分の 1 以下の切り捨てですね。

金子：そうそう，そうそう。それは面白い問題圏ですね。山口先生はちゃんと見抜いているなと思って……。

山口：同時っていう言葉の意味はどこから持ってきているかですね。それは人間の経験からですからね。絶対に数に表れてこないのですから。

金子：今では，1 兆分の 1 秒を計測可能になっているのです。

山口：そういうことですね。

金子：陸上競技の人たちは気が付いているのでしょうね？　反対はとくに起こっていないようですが……。

山口：だけど，結局のところ同時にしておきましょうと……。そういうところで決めているわけじゃないですか。だけど，本当いったら同時になるわけないのにね。

金子：なるわけはないですね。

山口：ですから，それは自己矛盾そのものなのですよね，完全に。

金子：そうです。競技スポーツには，競技論^{アトゥレティーク}という研究領域があります。ど
うやって競技するかというルール作りです。この辺りがもう少し現象学的
分析の競技論が出てくればと思いますね。だから，内在超越論的な競技論
を深めていかないと，競技スポーツは成立しないことになってしまうかも
しれません……。

山口：結局，言葉の意味の出所というか，要するに，自然科学というのはも
ともと空間的，時間的といっても，数でしか表しようがないわけです。し
かし，前後も上下も左右も，生きている身体があればこそ決まってくるわ
けです。だから，それを，言葉の意味を使いながらも結局，数に当てはめ
ているっていうことに気づかないということは……。

金子：それは論理矛盾ですね。

山口：そうですね。そのことをいっても，言葉を使っているのだからいいじ
ゃないか，日本語で何といおうと，ドイツ語で何をいおうと，これはこう
なのだという，その，当たり前の言葉の意味の源泉を問わずに……。これ
も発生的現象学の一つのテーマですが，要するに，感覚というものは〈共
感〉のように，本当に人と人とが生きている中で初めて，同時にしろ，過
去にしろ，あるいは右にしろ左にしろ，そういう言葉の意味が生まれてき
ているのです。それが相互主観的な意味生成の基盤なのです。それを，突
き詰めていくほかない以上，それを突き詰めながら，あなたたちはこうい
うことで言葉を習ったのですと，言葉の客観性とは，そうやってお互い確
かめ合ってきたのです。そのようにして，今まで育ってきた意味を活用し
ている普通の日常生活の中で，どんなふうにして意味が育ってきているの
かをお互いに確かめ合う必要があるのです。だから，これは同時といって
もいいけど，数として表すのだから，まあしょうがないから同時にしてお
こうという具合になっている，ということをその通り，しっかり了解し合
えばよいのです。

金子：そうですね。だから，意味が発生するかどうかのとき，私は意味発生
という専門用語にルビを振って，〈意味発生^{センス}〉として，感覚質を表すこと
にしているのです。

山口：ああ，そうですね。感覚質の発生も同時に表すことになりますからね。

金子：*Sinn* には感覚と意味の二つがありますから。

山口：そうです，その通りです。

⏹16 過去把持の二重の志向性に向き合う

金子：ドイツ語の翻訳の問題といえば，例えば，『内的時間意識の現象学』
の志向性にも，縦と横の二つの志向性という訳語の問題性が浮上してきて
いますね。この訳語は『現象学事典』でも混乱していますね。

山口：よくお気づきですね。あの書き方では，完全に誤解を生む可能性のま
まに留まっています。

金子：あれは *Quer* の概念をどう訳すかという問題に集約できますね。私た
ちの競技体操でははっきりした用語なのです。例えば，鞍馬の取っ手を
両手で持って立つと，横向き正面直立 [*Seitstand vorlings*] と名付けられ，その
まま右馬端に移動して両脚旋回に入ると，横向き両脚旋回 [*Seitkreisen beider
Beine*] になるのです。さらにそのまま右に移動して 90 度左に向きを変えて
立つと，縦向き正面直立 [*Querstand vorlings*] と呼ばれます。そこから両脚旋
回に入ると縦向き両脚旋回 [*Querkreisen beider Beine*] になるのです。平均台な
どのように左右に長く延長している器械に正面向いて立つと，横向き正面
直立 [*Seitstand vorlings*] と呼ばれ，そのままの向きで台上に立って，それから
90 度左に向きを変えれば，台上の縦向き直立 [*Querstand*] となり，そのまま
前後に開脚してジャンプすれば，縦向き前後開脚ジャンプ [*Querspagatsprung*]
と呼ばれるのです。

　このようなドイツ体操の用語は 19 世
紀初頭 [*1811, Hasenheide in Berlin*] からドイツ
体操の始祖 F. ヤーンによって厳密にド
イツ体操用語 [*die deutsche Turnsprache*] とし
て 200 年以上の長い歴史をもっているの
です。ですから，ドイツの人たちは自ら
の身体感覚でその器械に対する〈向き〉
の意識を捉えています。そのヤーンの
最初の著書は有名な『ドイツ体操』[*die*

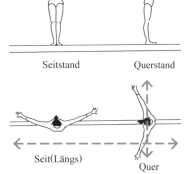

Seitstand　　　Querstand

Seit(Längs)　　Quer

deutsche Turnkunst : Jahn, F/ Eiselen, E., 1816 Limpertverlag, 1961］です。その 100 年後に
ドイツ体操協会の用語統一委員会が発足し，慎重な検討の末，委員長のク
ナート［*Kunahth, A.*］の名において出版［1918］され，戦後になっては，ベルト
ラム［*Bertram, A.*］による『ドイツ体操用語』の決定版［1952］が上梓されてい
ます。そのドイツの体操用語は世界中の体操用語の規範になり，現在に至
っています。その運動名称成立の歴史的経緯とその理論構成は，専門書［拙
著：『体操競技のコーチング』，第 2 章，29~61 頁参照，大修館書店，1974］に
譲らざるをえません。

山口：そうなのですか。

金子：ですから，時間流の *Querintentionalität* は〈縦向き志向性〉であり，
Längsintentionalität は体操用語の左右に延長される〈横向き志向性〉となり
ますから，現象学では縦横の表象が身体感覚と違って変だなと思ってい
ました。でも私は動感身体（キネステーゼ）で理解するのに慣れていますから，沈下する
のは縦向き志向性であり，流れていくのは左右に延長される横向き志向
性だと理解していたのです。でも，現象学辞典だから間違いないと思っ
ても，それでは時間発生の動感感覚（キネステーゼ）が捉えられないから，勝手に自分な
りに，発生的運動学として理解することにしていたのです。それを山口先
生は *Querintentionalität* を「交差志向性」と訳し，*Längsintentionalität* を「延長
志向性」と読んでいるから，これなら私のような感覚論理しか分からな
い者にも通じると喜んでいました。でも，どうしてこんなことが起こる
のか気になって……。そういえば，サイバネティクスにおける統合科学
［*Querschnittwissenschaft*］が〈横断科学〉と邦訳されるのも，同じようなややこ
しい問題が潜んでいる気がします。時間流の原現在のなかに，〈絡み合っ
た統一態〉が発生するのだから，〈今ここ〉の関連諸科学を串刺しにする
縦断科学と解してもいいのではないかという人もいるわけです……。

山口：いったいどう表したらいいのか……。横断歩道にしても，主たる流れ
に抗するという本来の *Quer* の意味ですから，横の流れに抗して縦に渡る
ことになります。とはいっても，縦と横という言葉を使えば日本語の縦と
横がドイツ語の *Quer* と *Seit* ないし *Längs* との語感に合わなくなってしまい
ます。フッサールはいろんな場合に，時間の流れを横に左から右へ，また
上から下へと描き分けて記述していることもあります。そうすると，そこ

に日本語の語感と喰い違いが生じて，いろんなときに混乱が生じかねません。ですから〈縦横〉という表現を使わずに，〈交差〉と〈延長〉とにすれば問題はないと……。それで，片方の *Längsintentionalität* のほうは〈延長する〉という，いわば〈流れていく志向性〉という意味で〈延長志向性〉とし，その流れに交差するという意味で *Querintentionalität* を〈交差志向性〉にしようと提案したのです。

金子：競技体操をやっている人たちには，縦と横はまったく違和感なく理解されると思います。それは，平均台や平行棒では縦向きと横向きの表現は，違和感なくわが身で感じ取れます。例えば，平均台はドイツ語で *Schwebe-Balken* といいますが，それは横木［家を支える梁や桁となる長い木材］のことで，その長いほうに沿って立てば *Seitstand*［横向き直立］であり，それを横断する立位を *Querstand*［縦向き直立］と理解します。それは世界中の体操選手たちにとっては，ドイツ体操術語がその規範になっていますから，世紀を超えてわが身で感じとる〈*Quer*＝縦向き〉と〈*Seit*＝横向き〉になっています。ですから，フッサールの時間意識流の表現の理解も体操用語の語感をそのまま時間意識の流れに置き換えるだけなのですから……。

山口：はい，よくわかります。

金子：だから，縦と横の概念，*Quer* と *Seit* ないし *Längs* という語感は，みんなキネステーゼ身体が知っているわけですよ。

山口：もう一度おっしゃってくれますか？　鞍馬で，どういったときに *Quer* っていうのですか？

金子：鞍馬は鞍を付けた馬を模して作られていますから，その馬尾のほうに正面向きで立ち，その馬尾に両手を着いて，両脚旋回をするのを〈縦向き馬尾旋回〉といいます。その旋回で前に移動したり，逆に後ろ向きに戻って移動したりする高度なわざがあります。それは〈縦向き前移動〉あるいは〈縦向き後移動〉と呼ばれています。いずれも〈縦向き両脚旋回〉のまま，〈前移動〉や〈後移動〉をするわけです。

山口：要するに，この平行棒の二本のバーに両手で支えて倒立したら，縦向き倒立になり，一本のバーに両手でぶら下がったら〈横向き懸垂〉となるわけですね。

金子：その通りです。ですから，女子の段違い平行棒では，すべて横向き懸

縦向き前移動

縦向き後移動

垂の車輪や宙返りになります。1960年以前の段違い平行棒では，ほとんど縦向きのわざばかりでしたが，今では男子の鉄棒と同じで，すべてが横向きのわざに変わってしまったのです。

山口：そのようですね。ただし，日本のドイツ語辞典を見ると，*Quer* がみんな横になっているのです。例えばフルートは，ドイツ語で *Querflöte* といいますが，それを辞書で見ると横笛しか出ていません。それでみんなそのような辞書の訳を見るから横にしちゃったのでしょうね。

金子：確かに横笛といいますね。だけど，その息を吹き込む方向は音程を変化させる息の流れに交差すると〈身体感覚〉(エンプィンドニス) で理解しますね。

山口：そうですね，確かに。

金子：*Querflöte* といったら，私たち体操関係者は直ぐに〈動く感じ〉(キネステーゼ) で捉えて，すぐに交差的に息を吹き出す〈身体感覚〉(エンプィンドニス) を意識しますから……。

山口：ああ，なるほど。

金子：別に，何にも不思議じゃないわけです。

山口：そこまで，本当にキネステーゼ〈身体感覚〉(エンプィンドニス) がいつも働いているというか，息遣いや呼吸の感覚までが私の身体に作動しているのですね。ところが，さきほども話題になりましたが，*Querschnitt* を横断と訳す人も多いし，やっぱり *Quer* というのは混乱がまとわり付いていますね。

金子：そう，〈横断科学〉などの意味内容の問題ですね。

山口：辞書を見ると，*Quer* には横しか出てこないし，最後の隅に〈交差〉が出ていましたから，これを使って〈交差志向性〉にしてみたのです。*längs*

のほうも，縦しか訳が出てこなくて……。でも，〈伸ばす〉とか，流れに〈沿って〉という訳語も後のほうに出ているのですが，*Querintentionalität* と *Längsintentionalität* をドイツ語の辞書で調べてみて，80 パーセント出ている訳が *Quer* は横だから横の志向性に，*längs* は縦だから縦の志向性にするということになるのだと思います。

金子：でも，それは本来フッサールの固有な表現でしょう？

山口：そうです。

金子：だから，ちょうどフッサールが時間発生の現象学を開示している頃というのは，ヤーンが体操用語を決定した 100 年以上も後の話で，ドイツの人たちの語感にも *Quer* とか *Seit* ないし *längs* などがしっかり息づいていると思います。ですから，むしろその意味内実を開示しておく必要があると思います。

山口：おっしゃる通りだと思います。「意味内実」をしっかり開示することこそ，もっとも大事なことだと思います。*Querschnitt* とか *Querintentionalität* とか *Längsintentionalität* とか，フッサールの『内的時間意識の現象学』で，いろんなところで使われているのですが，縦軸と横軸についての誤解が，適切な意味内実の理解を妨げることになってしまっているのです。

金子：そうですか。山口先生もご苦労なさいますね。

17「それ」が射る無心の境地

山口：ドイツの哲学者オイゲン・ヘリゲルの弓道師範である阿波研造先生が，弓を張っているときに，「ここの筋肉を触ってみなさい」といって，ヘリゲルに触らせる場面があります。すると，フニャフニャなのでヘリゲルは驚くわけです。弓道において，筋力の問題でないだけでなく，呼吸という問題も，感覚という問題も一つのキーワードとして重要な観点になっていると思います。ヘリゲルの場合，呼吸と一つになって弓を張ることが極めて重要な目標になっています。それはもちろん，例えば剣道のときの呼吸の捉え方とか，呼吸を読むとか，「足の動きが一瞬，止まってしまうこと」を「居着く」といいますが，「居着いてはだめ！」ということは，気の流れが滞ることが呼吸に現れ，それが身体の動きに反映してきます。ですから，いろんな言い方で，相手にこちらの呼吸が読まれないようにします。しかし，この剣道の時の呼吸ということと，弓道の場合の「呼吸への集中」

とは，同じ呼吸といっても異なったことにかかわっているようです。

金子：そうですね。呼吸というのは普通では意識していませんね。だけど，それが逆に習練の対象になってくるのでしょうか。呼吸は無意識のままに呼吸しています。しかしそれを，例えば，鉄棒で宙返りやるときに，〈あふり〉技術を使って空中にわが身を放り投げるときにはその〈あふり技術〉と呼吸が調和するようなキネステーゼメロディーを奏でる工夫をします。そのときの呼吸のしかたを結果的に身体化 [einverleiben] していくのです。

山口：ああその感じがよく分かります。例えば，剣道やるときも同じですけど，要するに，わざを繰り出すときには，吐く息とともに一気に打ち込みに入ります。

金子：そのときに息を吸う人はいないですね。

山口：そうです。大ざっぱな切り口でいうと，そういったときのその呼吸と動きが身体化されていくとき，まさに受動的発生に根付いているといえます。しかし，そこで一元化して調和することはよく分かるのですが，動きの中にある呼吸の身体化の場合と，弓道における呼吸が一つになるという場合とは違うようです。ずーっと弓を引きながら，ある瞬間にフッと迷いが出て，呼吸が乱れてしまう場合に，つまり呼吸と一つになることができるか，できないのかというのは，ちょっと話が違うような気がしますね。

金子：違うようですね。だから，動きの中で何かわざをやろうとするときと，弓のときの〈動きかた〉[Sich-bewegensweise] は，むしろ動きを消していくのですから……。そういう場合，無意識に動く受動的綜合と受容的綜合あるいは能動的綜合として非人称世界に入る場合には微妙な差が出てくると思います。

山口：例えば，その繋がりの中で，無心とか，無私という表現に出会うことになります。コツとカンが一元化してわが身が独りでに動くときときには，柳生宗矩の『兵法家伝書』（寛永9年, 1632）や宮本武蔵の『五輪書』（正保2年, 1645）などでは，気の置きどころとか，目付のこととかいって，気の充実化に関心が寄せられています。いろいろな自己の関心から離れて，呼吸と一つになる状態を，例えば無心とか，無我とかいうことになります。しかし，この無心とか無我という境地がいったい何であるのかを開示するのは大変難しいことだと思われます。本当にひとつの技芸に一生を賭けて精進しても，その無の境地に達するのは容易なことではないということだと思います。

金子：私も書いているのですが，例えばヘリゲルがこういうことをいう件がありますね。つまり，*es schießt*［それが射る］という阿波師匠の答えとして出てきますね。

山口：そう，*es schießt* ですね。

金子：とすると，そういう〈動きかた〉の受動的発生は日常生活でも経験できるのではないかと思うのです。その対象に差はあっても……。例えば，私がいつもいうは，スクランブル交差点での人々の〈動きかた〉なのです。

山口：ああ，あの渋谷の……。

金子：そうです。そこを急いで通り抜けようとするときの〈動きかた〉がどうなっているかということです。

山口：みんな行けちゃいますね。

金子：誰でも無意識に通り抜けるでしょ……。

山口：はい。

金子：あのときは，もう自分がこうやろうとは思ってないのです。相手の人もこちらを見ていないのに，咄嗟にうまく身を躱しているのです。

山口：そうです，確かにね。

金子：まさに無心で，独りでにそう動けるのですね。

山口：そうですね（笑）。受動的綜合ということで，東洋大の教壇に立ってから，ずっと受動的綜合の例について話してきて，例えばクーラーがフッと止んだときに，いわば急に静かになったときに，何が起こりましたか……。要するに，みなさんは聞くつもりもなく聞いていたのですよという話を交えながら，意識的にどうこうということの以前に，もう感覚が無意識にみんな「紡いでいた」と説明します。それで最近使い始めているのは，満員電車の急ブレーキのときに隣の人の足を靴で踏んづけてしまう実例です。

金子：私も渋谷のスクランブル交差点のことを口にするときに，ある外人が渋谷に行ったとき，日本人はなんとすごい〈動きかた〉を身に付けているのだと驚くことも付け加えるのです。外国では見られない光景だと……。

山口：そうですね。見かけられないですね。外国人はその場に居合わせると怒り出してしまったりします。いわば，日本人の身体感覚があまりにも凄くて，彼らには，そんな無心な動きができないからでしょう。

金子：私たちには当たり前の動きかたなのです。

山口：外国の方はどうして自分の身体にこんなに近づいてくるのかと……。自転車でヒューと避けて走ったりすると，彼らはヒヤッとするのでしょうね。そうすると，喰って掛かってきて，それで警察沙汰になるとか……。だから，身体感覚の働きというか，身体運動に伴う感じかたが日本人と西欧の人とはこんなにも違うのかもしれませんね。

金子：しかし，小さな子はよくぶつかったりしますね。だけど，ある程度まで行くと，もうスルッ，スルッと行けるようになる。

山口：そうですね。恐らく視覚と身体感覚のシステムがうまくマッチしていくのでしょうね。

金子：そういうのを題材にして，新しい幼児運動学で例証分析をやってもらおうと思っているのですよ。

山口：さて，金子先生，これまで長い時間，貴重なお話を本当にありがとうございました。

金子：楽しかったです。山口先生からこんなお話をうかがえると思っていませんでした。こちらこそ感謝しています。

山口：いえいえ，とんでもない……。

金子：ありがとうございました。

山口：私のほうこそ，本当に貴重なお話をありがとうございました。深く感謝申し上げます。

運動感覚と時間<ruby>キ ネ ス テ ー ゼ</ruby>
—現象学分析の特質

山口一郎

●はじめに

　この論考で明らかにしてみたいのは，自分の身体の動きが直接，体内で感じられる身体運動の感覚（現象学では Kinästhese の訳語として通常，「運動感覚」が当てられ，スポーツ運動学では，イギリス経験論の狭い意味での「筋肉運動感覚」という誤解を避けるために「動感」という訳語が当てられる）[1] が現象学でどのように分析されるのか，その分析の仕方です。この分析の仕方の最大の特徴は，身体が動いていることの感覚である運動感覚は，動きの始まりや終わり，強弱の持続や変化など，「いつ，どのぐらい長く」あるいは「どんなリズムで」など，時間をとおしてしか「感じ分け」[2] られないことを強調していることにあります。

　ここでいう「身体運動」というのは，空間を移動する外から見える身体の動き（運動）のことではありません。ですから，ここでいう「時間」というのも，スポーツ選手の身体運動を外から観察して，時計で計測し，数値で表現される時間(100 m走で 10.00 秒とか)のことではありません。そうではなく，自分の身体が動き始めるとき，動き終わったとき，いつ力を強めて，いつ弱めるのか，またその動きのリズム（金子明友の「動感のリズム」や「動感メロディー」）が生じているときなどの身体内で感じ分けられている運動感覚の時の刻みとしての時間なのです。

　そこで，この論考では，「1. 計測された時間と身体で生き生きと体験されている時間との相違」をしっかり確認し，その身体で生きて体験されている時間と運動感覚の感じ分けが「2. 新たなわざの習得と〈わざの狂い〉の克服」にさいして，いったいどのように決定的な役割をはたしているのかが具体的事例をとおして詳しく説明されます。この全体の議論をとおして，スポーツ選手の身体運動能力の向上と伝承にあたって，自然科学的な外部からの観察による科学的データ主義の方法論の限界が，人間の行動の意味と価値の発生を問うフッサールの発生的現象学の観点から明瞭に示されることで，実現す

1　筆者はスポーツ運動学の専門家ではなく，スポーツ運動学に関しては，主に金子明友『スポーツ運動学』(2009 年) および金子一秀『スポーツ運動学入門』(2015 年) に依拠しています。
2　ここでは，「感じ分ける」という言葉が頻繁に使われます。「感じる」，とか「感覚する」という意味ですが，特に，ここでいうように「始まり，終わり，持続や変化」など，「感じの内容が区別され，その違いがはっきりする」ことを，「感じ分け」といい，いったいどのようにして「感じ分けることができるのか」，丁寧に説明しようと思います。

べきスポーツ運動学の方法論が示されることになります。

1. 計測された時間と身体で生き生きと体験されている時間との相違

　身体運動と時間との関係が問われるとき，普通，身体運動を時計で計測するときの「客観的時間」と身体運動をじかに体験する選手の経験する「主観的時間」とに厳格に区別され，峻別されます。このとき当然，問題にされねばならないのは，この客観的時間と主観的時間の関係ということになります。そこで，まずはじめに，具体的な例として，ペアでの競技，たとえば卓球やテニスやバドミントンのダブルスなど，またシンクロナイズスイミング（2018年に「アーティスティックスイミング」に改称）や飛び込みのダブルスなどの場合をとりあげ，客観的時間と主観的時間の関係を明らかにしてみましょう。

1）主観と客観という区別以前に，ペアの選手に共有される時間の流れ

　ペアの競技の場合，自分の動きとペアの相手の動きは，まるで「一心同体」のような，ぴったり協応している，一つの身体の動きのようになっていなければなりません。しかも，卓球やテニスやバドミントンのダブルスの場合，自分たちペアの動きだけでなく，相手のペアの動きを瞬間的に察知して，相手が打ち返せないと思われる速度で，どのぐらいの角度で，どの位置に打ち込むか，意識する以前（無意識）に予測できていなければ勝負に勝てません。勝負にならないのです。

　この自分達の動きと相手のペアの動きの瞬間的な予測は，どのようにトレーニングで練習できているのでしょうか。

　① 球技のダブルスのペアだけでなく，サッカーのパスとか，バレーボールのトスというとき，パスを出す自分と受け取る相手との間の，そしてトスを出すセッターとトスを打つスパイカーの間の動きがぴったり協応して，先に述べた「一心同体」の実現が理想とされます。この一心同体を共に感じるということを「共感」と呼ぶとした場合，この共感は，その動きをじかに二人が一緒になって直接，感じ合っている以上，二人にとっての主観的経験といわれなければなりません。この二人の主観的経験は，それがうまくいかない場合，「息が合わない」とか，「ペアの片方の動きが乱れて」とかいったふ

うに，（客観的）結果として出てきてしまいます。パスが届かないとか，ト
スが短かったとか，二人の動きの間の不調和が結果として出てくるわけです。
陸上競技のリレーで，バトンパスがうまくいかなかった時は悲劇です。バト
ンが落ちたらそれでおしまいです。バトンの受け渡しの時，渡す方と受け取
る方は，まるで，自分の右手で自分の左手にバトンを渡すかのように，一心
同体が実現していなければ，バトンは，正しく受け渡せません。バトンが落
ちた時，どちらの所為にしても意味はありません。まさに「息が合わなかっ
た」わけです。また，このとき，どちらかの動きが「0.1 秒早かったら，と
か遅かったらとか」，時計の時間で測っても，何の意味もないことは，明ら
かでしょう。

　② サッカーでパスが届かないといった時，お互い練習を重ねてきた相手
ですので，このぐらいの速さで，あそこまでパスすれば，届くはずだ，と瞬
時に察知して，パスを出します。相手の動きが読めるので，そこに向けてパ
スを出すのです。その時，相手のその日の体調さえ，なんとなく感じていま
すから，これぐらいは大丈夫なはずだと思ってパスを出すわけですし，パス
を受け取る方も，相手のパスの出し方，そしてそのボールの軌道さえ，慣れ
ていますので，まるで自分がパスを出すかのように，自分の出したパスにめ
がけて，走り出しているのです。この二人の間を行き来する，お互いの運動
能力の予測が立つか立たないか，サッカーのパスのやり取りで決定的なもの
になります。

　③ このときに特徴的なことは，この「二人の間を行き来する，お互いの
運動能力の予測」は，そのつど，二人の間にしか，成り立たないことです。
二人で繰り返される練習の中にしか，育ってこないということです。これは，
剣道の場合のそれぞれ異なった相手に対する時の，間のとり方にも現れてい
ます。相手によって，間のとり方は，すべて異なっています。練習を重ねれ
ば，それにつれ，同じ相手でも，間の取り方は少しずつズレてきたりもしま
す。このそれぞれ異なった二人の間に育ってくる「感じ分け」が肝心である
とき，その育ちを確認しあっているのは，それぞれの二人の主観的経験であ
る，ということが決定的に重要です。二人の練習を長年に渡って，ビデオに
とっておいて，それを眺めても，それは確認しあっているお互いの運動の予
測が次第に的確になっていった結果の記録であって，「的確になっていく経

過」そのものは，二人の間で確認されあうものでしかありえないのです。こ
の二人の間に確認される身体の動きの共有のされ方を，どんな風にして，共
有できているのか，現象学は二人の主観的な経験の成り立ちを，二人の主観
的な時間の流れ方の分析をとおして明らかにできるのです。

　④ このとき，「主観的時間の共有」の例として，一旦，スポーツを離れて，
一般的な身体運動の例で，複数の人がバスに乗り合わせて，カーブや，凸凹
で身体が同じように揺り動かされている状況あげることができます。一番最
後の後部座席に，大学教授風の老紳士も，幼稚園児も，おばあちゃんも，お
じいちゃんも，高校生も，横に並んで，右カーブでは，同じように右に身体
が傾き，左カーブでは，左に傾き，滅多にないかもしれませんが，凸凹道で
は，身体が上下に動きます。それも，みんな同じように動くのです[3]。このと
きみんなに共通に分かっていることは，わざと自分で身体を動かしているの
ではなく，身体がいつも先に動かされ，そのことに誰もが気づいているとい
うことです。

　これだけの話であれば，それはそうだで終わるのですが，この随意運動と
不随意運動との違いがどのように感じ分けられているのか，その理屈を突き
詰めると，いま問題とされている「共感の成り立ち」が明らかになってきま
す。というのも，「地震だ！」というとき，「動こうとして動くこと」と「動
かされたと感じること」との違いがしっかり，共有されていることに間違い
はありえません。この時，「いや，自分で自分の身体を揺らした」と言い張
る人がいるでしょうか。「今，大きな地震でしたね！」と二人でホッとして
話すとき，各自の身体が先に動かされたことを「その時の今に同時に」感じ
たことをその二人が疑うはずもありません。

　このときの同時の「今」を本当に同時だったか，と脳波を計り，客観的数
値に落として，いや，「本当は同時に感じなかった」と言い張るのが，脳科
学者のいう，「客観的に同時である」というときの「同時」の意味です。数
値上の同時ですから，まったく同時に二人の脳神経が活動しているはずはあ
りえません。数値は，無限に短く切り刻むことができ，完全な同時が成り立
つはずがないからです。これは，同時金メダルと同じで，数値の単位をどこ

---

3 佐藤愛子の短編で同じような状況がユーモラスに描かれ，小林秀雄のエッセイでは個性に苦悩す
　る大学生が「ポンポン船」でみんなと同じように体を揺らされている自分を苦々しく思うという
　心理が描かれています。

かで切り捨て，同時とみなしているだけなのです。では，数値で「客観的な同時」が決まらないとすると，「同時金メダル」にするとき，どうして審判団は，「同時にしましょう」といえるのでしょうか。それは，「同時」という言葉の意味を，「同時は同時だ」と当然の如く，それ以上問うことなく，前提にしているからです。

　⑤ しかし，「同時」ということと「同時でなくズレている」ことの違いが分からなければ，もちろん「同時を同時」ということはできません。「同時」という言葉は使えません。このとき人間の主観的経験としてではあっても，「同時」と時間がズレる「時間の前後のズレ」との違いの，絶対に間違いない，誰にでも妥当する，その意味で客観的である基準が，私のよくあげる「電車の急ブレーキ」のさい，「無意識の足の動きが先であり，そのことに後で気づいた」という「時間の前後関係」の絶対間違いない体験（経験）です。バスに揺られるとか，地震のときとか，不随意運動の場合の運動とその意識との時間の前後関係は絶対に疑いきれません。そうでなければ，「故意か過失か」の区別が立たず，人間の「自由な行動とその責任」という社会倫理の基礎が成立しえません。ところが，この人間の倫理的生活の基礎である随意運動と不随意運動の違いが，最先端の脳科学研究によって客観的に確定できない，脳波の違いに現れてこない，客観的に証明できないことは，幾重にも強調されねばならないことです[4]。しかしもし，客観的に証明できないことからして人間の倫理の基礎は客観的に妥当しないと言い張る人がいるとすれば，そのような人との社会的共存は，ほとんど不可能といわれなければならないでしょう。

　⑥ ここで再び，ペアの競技のさい，二人の主観的経験において，お互いの動きや他のペアの動きが意識にのぼる以前に予測できていることについて，再確認しておきましょう。まず第一に重要なことは，相手のペアの動きや球の動きに集中しているとき，「この一本はどうしても決めたい」とか，「ここが勝負だ」「どうしても勝ちたい」とか余計なことに気を取られる（意識してしまう）と，その瞬間，無心の一心同体が瓦解してしまい，「負け」という結果になる，ということです。

---

4 このことについての詳細な論述は，野中郁次郎・山口一郎『直観の経営』，KADOKAWA 2019年，60頁および次頁を参照。

⑦ このとき，どうして「他のことが気になると，大事なことに向き合えないのか」という私たちの意識体験の理由が問われます。そのとき，まず役立つのは，「何であれ，何かを意識する（気づく）ためには，0.5秒間の脳内活動が必要とされる」という脳科学者ベンジャミン・リベット (1916 - 2007) の発見です。つまり，「勝ちたい」という思い（意識）が頭をよぎるとき，そのことが意識されるのにかかった0.5秒間に与えられる「相手のペアの動きや球の動き」の感覚刺激が丸ごと欠落してしまうからです。この0.5秒間の感覚刺激の欠落がどんな影響を選手に与えるか，はっきり分かる実例があります。スキーの大滑走の選手が滑走の最中に「瞬きしてはならない」，瞬きすると，その0.3秒間，外からの視覚刺激が欠落し，それによって，視覚と連合している運動感覚との対化 (Paarung) が欠落し，滑りが崩壊してしまう，という例です。また，仮に，瞬きはせずに，目を開けて，感覚刺激が与えられていたとしても，他のことに気を取られた瞬間（0.5秒間），意識はまさにそのことに注意してしまい，その0.5秒に与えられた感覚刺激に即応できなくなってしまうのです。

⑧ ペアの競技で，お互い無心になれているとき，そもそも「自分と相手」という「主観と客観」の区別が成り立っているでしょうか。一心同体ということは，自分と相手との区別が立たないということです。いってみれば，「共同主観」ということです。この共同主観に流れる時間は，ちょうど，「電車の急ブレーキ」や「地震の揺れ」の場合の不随意運動のさい，身体の揺れが先立ち，その直後にそのことに気づいたという時間の前後関係を，その場に居合わせるすべての身体が疑うことなく共有できていることにおいて流れています。しかも共同主観といっても，それは，何かを意識する以前に，つまり主観として意識する以前に，誰かれの区別が立つ以前に，複数の身体で同時に共有されているのです。そして，ここで，改めて，この無意識の時間の前後関係の共有体験と，B. リベットが明らかにした「意識の0.5秒の遅延」という客観的時間の幅（0.5秒間）の発見の意味について考えてみましょう。

2) B. リベットと F. ヴァレラによる脳科学研究の発生的現象学への統合について

身体運動の結果を時計で計測して得られる客観的時間の数値と選手やコーチが直接体験する主観的時間との関係をより明確にするために，もう一度，

何らかのことが意識される（気づかれる）のに必ず 0.5 秒間の脳内活動が必要とされるとする客観的数値を確定できたリベットの発見を振り返ってみることにします。

　この「意識が生じるために 0.5 秒の脳内活動を必要とする」というリベットの発見は，他の世界中の脳科学者による追試によって実証され，脳科学研究の研究成果としてその客観性が確定しています。とはいえ，この 0.5 秒間に生じている脳内活動そのものの内実については，脳科学研究者の理論的立場の違いから，さまざまな解釈の違いが生じてきます。とりわけ私たちにとって興味深いのは，新たな生命科学としての「オートポイエーシス論」の創始者の一人であり，フッサール現象学の方法論である「現象学的還元」や「本質直観」の方法による「神経現象学 (*Neurophänomenologie*)」を展開しているフランシスコ・ヴァレラ (1946 - 2001) による解釈です。

　リベット自身のこの「0.5 秒の脳内活動」の解釈とヴァレラの解釈は，ここで問題にしている選手が「相手のペアの動きと球の動き」に無心に集中できているときと，「何らかの思い（意識)」に気をとられる（意識される）ときとの違いについて，いったい何を明らかにできるのでしょうか。この解釈の比較をとおして，脳科学研究と現象学研究との関係が明らかにされ，自然科学に属する脳科学は，現象学の研究対象である生命体が生きる「意味づけや価値づけ（現象学では志向性 (*Intentionalität*) と呼ばれる)」をそもそもその研究対象にしていないことがはっきり示されます。

　とはいえ，現象学は，脳科学研究をも含めた自然科学研究とその成果そのものを無視し，排除するものでは決してなく，むしろ自然科学研究者にとって無自覚であるその研究の方法論の限界を，学問論をとおして的確に示した上で，その研究成果のすべてを積極的に，現象学による志向性分析の全体に取り込み，発生的現象学に統合していくのです。このことをスポーツ運動学に関連づければ，身体運動能力の向上を目指す選手とコーチの「モチベーション（意味づけや価値づけという志向性)」を無視してスポーツ運動学が学問として成立しえないことと密接に繋がるといえます。しかも現象学の方法論に基づくスポーツ運動学は，データを活用する外からの科学的計測をも，決してそれを排除することなく，志向性分析の全体へと統合することができるのです。

①　リベットは，この「意識の 0.5 秒の遅延」の発見のさい，意識されるのに 0.5 秒の脳内活動が必要とされる（0.5 秒遅れる）のにもかかわらず，外界で起こる出来事（例えば，回転ドアに上手に入り込む）に即応できるのは，どうしてか，その理由を説明して，人は幼児期の学習によって 0.5 秒前の感覚の始まりに遡る能力が形成されるからだとしています。つまり大人である私たちは，外界の出来事を 0.5 秒ごとに区切って，そのつど，感覚の始まりに遡って現実の出来事に即応しているというのです。

　このとき，重要な問題とされるのは，意識される以前の 0.5 秒間の脳内活動そのものをどのように理解すればよいのか，という問題です。このときリベットのとる原理的立場は，この脳内活動が，物理生理学的に因果的に決定されているとする，数と数式および確率による「物の因果」で決定されているとする決定論の立場を克服できていません。ですから無意識の脳内活動は，機械の作動のように決定されてしまっているとされることになり，「自分の好きなものを選ぶ」といった選択の自由は，結局，0.5 秒前に無意識に機械的に決められてしまったものを，0.5 秒後に意識にして確認しているにすぎず，選択の自由など脳の作った幻想だと主張され，欧米では「自由か決定論か」という倫理学上の大問題になっていったのです。

　しかも，ここで重視されなければならないのは，リベットが，意識を 0.5 秒前に与えられる感覚刺激の始まりに遡る形式的機能として理解していることです。意識とは，何が意識されるのか，その内容とは無関係な，すべての意識内容を受け止める，受け止めるまで 0.5 秒かかる白紙のフィルムのようなものだというのです。現象学で意識が「意味づけと価値づけ（志向性）」として働くことと，このリベットのたんなる形式としての意識の理解の違いは，決定的に重要です。

②　ヴァレラの場合も，リベットと同様に，何らかのものが意識されるまでに 0.5 秒間の脳内活動が必要とされるのですが，この脳内活動は，リベットのように，物理生理学的に因果的に決定されているとはみなされません。0.5 秒間の脳内活動は，生命体が環境の変化にどう対応して生存し続けるのか，生命体の環境への適応能力の全体のなかで意味づけられ，価値づけられています。したがって，この 0.5 秒間の脳内活動は，どのように環境の変化に対応するべきか，「神経細胞群のあいだに働く共時的カップリ

ング」をとおして，その環境の変化に即応しているというのです。ここで
いう新たな生命科学としてのオートポイエーシス（自己創出）論の中核概
念である「カップリング (coupling)」とは生命体と環境との相互作用を意味
していて，この相互作用の仕方と，フッサールの意識生 (Bewusstseinsleben) と
周囲世界との連合（相互覚起）の仕方との密接な相応関係が指摘されてい
ます。ヴァレラとの共同研究者であったフランスの現象学者 N. デプラス
は，このカップリングと連合の根本形式とされる「対化 (Paarung)」とを比較し，
「両者は，同じ四つの構成要素，(1) 身体への投錨性 (2) 時間に基づく力動
性 (3) 関係的意味 (4) 他者性を許容する連結の創造を含んでいる」[5] として
いるのです。つまり，ヴァレラにとって，この 0.5 秒を単位にする脳内活動は，
まさに生命体が周囲世界の変化に，身体化された意味づけと価値づけ（志向
性）による時間の力動性において即応しているということができるのです。

　③ このリベットとヴァレラの脳内活動そのものの解釈の違いは，スポー
ツ選手のもつ，切実な問いである，無心で競技したい選手にとって，つい「勝
ちたい」という欲が心に浮かんでくる（意識される）のをどう回避できるのか，
という問いにとって何を意味するでしょうか。このとき，リベットにとって，
意識（すること）は，何が意識されるかその「欲といった内容」と無関係に
0.5 秒間の脳内活動を遡る，ちょうど周りを照らし出す光のような形式的機
能とされますので，なぜことさらその「欲」が意識されてしまうのかについ
て，それ以上，何の説明もできません。

　これに対してヴァレラの場合，脳内活動は無意識ではあっても，受動的志
向性による受動的綜合である連合による意味づけと価値づけを担っていま
す。ですから選手の「どうしても勝ちたい」という本能的意欲が，つい意識
にのぼってきてしまう理由は，受動的綜合の二つ目の規則性である「触発
(Affektion)」という規則性によって説明されることになります。ヴァレラは『現
在－時間意識』という論文で，「生命体は環境世界の変化に触発 (Affektion) を
とおして対応している」として，その触発の仕方がフッサールの「未来予持
(Protention)」によって説明されているのです。簡単にいえば，生命体は，生ま
れながらに，それぞれの根源的未来予持としての「本能志向性」をになって

<hr />

5　N. Depraz, The rainbow of emotions: at the crossroads of neurobiology and phenomenology, in: Phenomenology and the
　　Cognitive Sciences, 2008. p. 239. を参照。またこの見解についての詳細な説明として山口一郎『人を生
　　かす倫理』93 頁および次頁を参照。

生まれてきていて，生命体の運動は生命維持という本能志向性によって方向
づけられているというのです。ということは，人間の身体運動の内部で感じ
られる運動感覚は，本能志向性の充実／不充実によって感じ分けられており，
それが同時に身体内部での「時間の留まりと流れ」を決めているといえるの
です。もし，身体がよくできた機械であるのなら，「勝ちたいという欲」で
動きに変調が生じることもありません。本能的欲求はプログラムされた機械
の性能の一部なのではありません。

　④ ヴァレラは，脳神経科学と現象学との相補的な研究による「神経現象学」
を構想し，この「神経現象学」の方法論にそくして，この『現在－時間意識』
という論文を執筆しました。神経現象学の方法論とは，脳神経科学研究の研
究成果を積極的に吸収しつつも，現象学的還元と本質直観の方法により，自
然科学研究の方法論の限界を示し，本能的欲求といった生命体のもつ意味づ
けと価値づけである志向性の分析による現象学の分析に統合しうるとするも
のです。

　自然科学研究の方法論の限界として，もっとも顕著に現れる事例は，冒頭
から示されている計器で計測される客観的時間にもとづく，数値で表現され
る時間は，身体運動を外から計測する運動の結果の計測であり，一心同体の
運動のさなかにある選手同士に直接感じわけられている「同時」，あるいは「時
間の前後関係のズレ」というのっぴきならない，選手にとって死活の問題と
される主観的，いやむしろ，選手同士の共同主観的時間の現実にまったく届
きようがないのです。時計で計っているのは運動の結果としての時間なので
あり，運動を起こしている選手の意味づけと価値づけという志向性によって
スムーズに流れたり，滞ったり，ときとして凍りついてしまうような生きた
時間にはかかわりようがないのです。

2. 新たなわざの習得と〈わざの狂い〉の克服に働く運動感覚の発生と時間分析

1) 新しいわざ「大開脚下り」の習得

　金子明友は，第15回ヘルシンキ五輪 (1952) でシュヴァルツマンの「大開
脚下り」を16ミリ撮影機で撮影し，「それを1枚ずつのキネグラム［連続映
像シリーズ］にして，それを見ながら工夫する努力が1年も続き」，日本で初

めてこの大開脚下りを実現することに成功しました。そのときの難しさは、「1コマ、1コマの静止映像は動きませんから、一つの映像から次の映像との間にしか〈動く感じ〉の働く〈動きかた〉は存在しない」ことによります。ですから、「その間の〈動く感じ〉を掴めなかったら、絶対に〈動きかた〉は成立するはずもない」のです。

① では、ここで語られている、「1コマの映像と次の1コマの映像の間に働く〈動く感じ〉を掴む」とは、どういうことなのでしょうか。「動く感じを掴む」とは、「動く感じを感じる」ということです。そして、それは、「映像が動くように見える」ということとは違います。人の動きを見るときの外部観察のさい、16ミリの撮影機の映像そのものが動いているように見えるのは当然です。

しかし、「動く感じを感じる」とは、自分の身体の動きを直接、自分の身体で感じるということです。身体が動く感じを純粋にそれだけで感じようと思えば、例えば、目を閉じればいいかもしれません。しかし、目を開けたままで、はじめて純粋に〈動く感じ〉を感じ分けたことを示す事例が、フッサールが示す赤ちゃんが、母子間の喃語の模倣をとおして、「ゼロの運動感覚」を感じ分けた事例です。赤ちゃんは、母親が喃語を模倣するさい、その声には、運動感覚が感じられず、「ゼロの運動感覚」がはじめて意識され、不思議に思って「声の出どころ」を求めて、お母さんの動く唇に指で触れようとしたりもするのです。

② この赤ちゃんの「あれっ」という驚きがどこからきているのかを、また、そもそも何かの驚きは、どうして驚きになるのか、なぜそもそも人は驚くのか、その理由を明らかにすることができたのが現象学の創始者E.フッサールです。フッサールは、その時間分析をとおして「未来予持」という意識にのぼる前に働く無意識の予測（受動的志向性）を発見しました。そしてこの未来予持という規則性こそ、赤ちゃんにこの驚きが生じる理由とみなし、赤ちゃんが何かに驚くのは、何かを予測（志向）し、その予測（志向）が外れたからだと説明します。しかも赤ちゃんは、自分が何を予測していたのかさえ、自分には分かっていません。何かおかしいと感じられたのは、その何らかの予測（志向）がはっきり分からないなりにできあがっていたからなのです。

　喃語の発生は，本能的に生じるといえますが，その時期，赤ちゃんは，次第に発声の制御ができるようになってきています。母親の喃語の語尾変化をまねることもできるようになります。喃語の発声のさいの運動感覚と聞こえる声との繋がりが強くなればなるほど，片方が欠けたときの，欠けた部分がより強い強度で浮き彫りになるのです。

　この繋がり（連合）の強度が高まるのは，無意識に繰り返される喃語の反復にあると思われます。なぜ，喃語が繰り返されるのかといえば，生きるという根本的動機に支えられた，養育者との絆である情動的コミュニケーションを作り上げるという本能的動機にあるといえるでしょう。

　③ 他方，金子が，新しいわざである「大開脚下り」を習得したさいの「決定的な気づき」といえるのは，金子による「〈あれっ？〉という感じとの出会い」といえます。「練習のとき，〈あれっ？〉という感じに出会うときがあり，その〈あれっ〉という感じが何となく気になり，次の練習のとき，ふたたび気になり，その中身を感じ取ろうとし，その空虚な枠組みが過去把持の交差志向性に沈下していき，その空虚な形態 (Leergestalt) が，〈空虚表象〉に変わっていくと，こうやってみようというように未来の〈動く感じ〉をいろいろ試してみることになる」，言い換えると，「その〈あれっ？〉という感じが何となく気になり，今度やるとき，また気になって，その中身を感じ取ろうとします。その空虚な枠組みが『空虚表象』に変わっていくと，じゃあ，どうやってみようかと未来の〈動く感じ〉をいろいろと試してみるようになります。この，いまいった〈あれっ〉という過去把持に伴う未来予持をいろいろ試すことで，その未来予持にふと乗りかかることができるように選手を触発するのがコーチの役割だと思う」とされるのです。

　このとき，明らかになるのは，次の諸点であると思われます。

　(a) 赤ちゃんの喃語の繰り返しは，生きる本能に根ざしています。運動選手の新しいわざの獲得は，身体能力の向上という動機づけによる意識的な意図的活動です。しかし，ここで両方に共通しているもっとも大事なことは，「あれっ」という気づきが，本能的な無意識の喃語の繰り返しであれ，意識的に計画的な練習の繰り返しであれ，それらの繰り返しをとおして，意識にのぼることなく，無意識に育ってきていることです。この「運動感覚の無意識における育ち」が準備されていなければ，「隠れたまま働いている運動感覚」

に「あれっ」と気づくことはできない，ということなのです。

　(b) この「あれっ」という気づきが準備されているということは，無意識の予測が育っていることであり，育つということがいえるためには，起こったことが，そのまま消えてしまわないで残っているといえなければなりません。消えてしまわずに残っているからこそ，次の練習で，ふたたびこの「あれっ」に気づくとき，何となく同じ「あれっ」であることに気づけるのです。新しいわざを習得しようとする選手にとって，この「あれっ」に出会い，それがそれとして育ってくることが，全エネルギーを集中した練習を動機づけています。この出会いと育ちのために練習を繰り返すのです。この無意識の予測の育ちにおいて，この「あれっ」が残ることが前提になりますので，選手は，このことに敏感にならざるをえません。この残ることがフッサールの時間意識の分析で「過去把持 (Retention)」と呼ばれているのです。

　(c) ですから，金子が，映像の1コマ，1コマの間にいまだ感じたことのない〈動きの感じ〉を繰り返し求めていたとき，この「あれっ」に出会い，その育ちに全身全霊で向かうことで，「何かが残る」というフッサールの過去把持という意識にのぼらない「受動的志向性」をとおして，その何かである〈動く感じ〉が獲得されたことになります。この残ったものが予測として育つことが，フッサールでは，未来予持と呼ばれるのであり，選手にとって，新しいわざの習得のさい，この「残ることと育つこと」にかかわる過去把持の受動的志向性がどのように有効に働くかどうかが，決定的に重要になるのです。しかもこの「残ることと育つこと」の過程において，日々の練習に当たって，「感じつつあること」を「ノート」に書きつけ，言葉にしておくことの重要性も強調されねばなりません。言葉にならない感じを，言葉にしようとすることで，その感じに真正面から向き合う反省的自覚の態度が養成されるからです[6]。

　(d) しかし，赤ちゃんの喃語の繰り返しを促している「生きる動機」を伸ばしうるのは，それを迎え入れ，共に喜んで喃語を繰り返す養育者の愛情であって，この内発的な動機につける薬はありません。選手の練習の繰り返しを促す「運動能力向上の意欲とその成果」を伸ばしうるのは，選手の体験す

6　金子一秀は，その重要性を「動感意味を書き留める」として「練習日誌」の必要性を強調しています。金子一秀『スポーツ運動学入門』明和出版，2015年，187頁および次頁を参照。

る「残って育つ過去把持と未来予持」を共感し，方向づけることのできるコーチの能力です。選手が新たに試みる未来予持に「ふと乗りかかることができるように選手を触発するのがコーチの役割」であるということが，実際にどのように，働いているのかが，次の〈わざの狂い〉の克服のさいにはっきり示されることになります。

2) 〈わざの狂い〉の克服

　競技者にとって，重要な試合の直前になって，練習のさい何の問題もなくこなされていたわざに狂いが生じる〈わざの狂い〉ほど恐ろしいものはありません。その〈わざの狂い〉をどう克服することができるのか，選手とコーチにとって全競技人生をかけた挑戦にならざるをえません。金子にとってこの〈わざの狂い〉を克服した経過を重要な論点を踏まえながら，まとめてみたいと思います。

　① まず初めに金子が〈わざの狂い〉に見舞われたのは，第15回ヘルシンキ五輪 (1952) のための日本代表選手選考の最終予選の直前，鉄棒の宙返り下りという〈わざの狂い〉に見舞われ，個人として最悪の苦しい経験になったときとされ，順手車輪から〈屈身宙返り下り〉という得意技が狂ってしまい，順手車輪から宙返りに入ろうとしても，どうしても手が離れなくなり，それで仕方なく逆手車輪に切り替えて，鉄棒の上をまたぎ越す〈開脚下り〉に切り替えて難を逃れた，とされる経験です。

　② 次の〈わざの狂い〉は，監督として，モスクワの世界選手権 (1958年) の準備をしていたその直前，6人の正選手のうち4人の「宙返り下り」が突然狂ってしまい，鉄棒から手が離れなくなった実例です。この鉄棒から手が離れなくなるというのは，金子が，その6年前，すでに自身にとって「最悪の苦しい経験」でしたが，その時は，どうにか，別のわざにして乗り越えることができました。その間，「大開脚下り」を1年かけて習得するさい，この始めの〈わざの狂い〉がどのように克服されたのか，その経過は，語られていませんが，その明確な克服の方法は，この4人の〈わざの狂い〉にどう対処したのか，対談の内容にそくしてはっきり理解することができます。

　③ このとき，興味深いのは，4人の選手は，常日頃，何の問題もなくできている「宙返り下り」で「手が離れなくなってしまった」ことに「内心びっ

くりしてしまった」ということです。4人の選手が、「内心びっくりしてしまった」というのは、まさに、練習のさい「怖い」という思いさえ浮かばないほど、つまり、意識にのぼることがなく、完全に習得されていた「宙返り下り」のわざで、突然「手が離れなくなること」に自分自身「驚いてしまった」というのです。この〈わざの狂い〉が起こる原因は、当然のこととはいえ、「宙返り下りは万一の失敗が生命的危険を伴う」ことから、たび重なる練習をとおして抑制されていた生命維持のための「本能的恐怖」によって「怖くて手が離せなくなっているのだ」ということができます。練習のさい、抑制されていた生命というもっとも根源的な価値に向けた生命維持のための「本能志向性」が、突然「死ぬな！」とばかりに頭をもたげ、4人の身体の動きを「手を離すな」とばかりに無意識に決定してしまったのです。

　④　人間の身体は、よくできた機械ではありません。身体の運動も当然ですが、機械の運動ではありません。機械は不安を感じません。「壊れる！」という本能的恐怖も感じません。身体は、人間が使う機械ではありません。人間が機械を使うのは、生活に役立つからです。機械は生活を便利にするという「意味と価値」をもちますが、機械そのものに意味と価値を与えているのは、人間です。プロのボクサーは、自分の腕が、私生活での喧嘩の相手に怪我をさせる凶器（機械）になりうることも分かっているので、つね日頃、自分の感情を制御するよう心がけています。「オリンピックで金メダル」という「意味と価値」は、人間がもつのであり、機械とみなされるような身体そのものがもつのではありません。身体がよくできた機械であれば、その性能を向上させる方法は、単純です。機械をよく動くようにすればいいのです。何回も電気のスイッチを入れ、駆動させ、データをとり、統計をとり、部品が磨耗してきたら、新しい部品に取り替え、サイボーグ並みに機械仕掛けにすることもできますし、必要な潤滑油としてドーピング剤で調整するといった間違った方向に誘惑されることにもなります。機械の性能はいつでもこうやって向上できます。機械だったら恐怖でその動きが止まってしまうこともないのは当然です。

　⑤　金子監督が〈わざの狂い〉の克服にとりかかったのは、無意識に失敗することの恐怖から「手を離す瞬間」に意識が集中してしまうことから解放されるために、「宙返り直前の楕円車輪で、宙返り開始局面のポーズをしっ

かり感じ取ること」にありました。言い換えれば，この問題解決の核心は，
宙返り開始直前の楕円車輪の確認，つまりその楕円車輪の「今とここ」をし
っかり意識することで，その後の〈腰あふり〉と〈肩あふり〉の受動的綜合
として無意識にできあがっている「動感メロディー」に任せることができ，
それによって雄大な宙返り下りができることになるのです。この〈わざの狂
い〉の克服の経験が，4人の選手に共有できるよう試みられたのです。この
ことを金子は，「離手局面」の恐怖から解放されるために，「宙返り開始直前
の今ここ統握の時間化局面の確認を前提として，あふり作用の動感メロディ
ーをシステム化して受動綜合化に持ち込んだ時間化分析」と表現しています。
この表現には多くの重要な論点が含まれていますので，少しずつ，解読され
る必要があります。

　(a) まず第一に確認されねばならないのは，「離手局面」の恐怖から解放さ
れるために，「楕円車輪のポーズ（運動形態）に注意を集中する」ということが，
この〈わざの狂い〉の克服のための決定的な経験知（身体知，コツ，暗黙知）
であったことです。そしてこの経験知の生成は，ちょうど「大開脚下り」が
習得され，新たな〈動感メロディー〉が形成されるさい，そこに含まれてい
る「離手局面」への恐怖も，その直前のポーズに集中することで解決される
という身体知の生成をも意味しえたはずなのです。

　(b) ここで，また同様に重要な洞察であるのは，「手を離す瞬間の局面に
意識が停滞すると，どうしても手は離れなくなってしまう」という経験知で
した。意識が当の箇所に集中する，言い換えると，「滞る」と，どうしても，
恐怖心が起こって，手が離せないということ自体は，誰しも，納得いくこと
だと思われます。恐怖で緊張しすぎると，思うように身体が動かなくなり，
普段のわざがスムーズに出ないということは，さまざまな現場で体験される
からです。となれば，「離手局面」から注意をそらす時，どこにそらせばよ
いのでしょうか。まさに手を離す直前の楕円車輪のポーズに注意を向ければ
よいことにどうして気づけたのでしょうか。それは実は，「その直前の瞬間
とそれに隣接する「離手局面」に続けて注意を向けることができない」から
なのですが，金子はこのことを経験知として獲得していたといえるのです。

　(c) 現象学は，この経験知の理論的裏づけ，しかも数学よりも厳密な客観
的裏づけを与えることができます。数学および自然科学がスポーツで「身体

を動かす」ことの動機，つまり意味づけと価値づけに無縁であることは，すでに繰り返し言明されています。計器による時間と空間の計測の数値やデータそのものに何の意味もありえず，数値やデータは，身体の運動の結果に過ぎません。身体を動かしているのは，意味と価値を求める選手なのです。ですから，〈わざの狂い〉が，選手にとって致命的になり，それをどうにか克服しなければならないとき，当然，意味と価値に無縁な数値とデータに頼ろうとしてもいかに無意味であるかは明らかです。数値とデータは過去のものです。過去に限りなくほとんど90％うまくいったわざが突然，できなくなるのです[7]。過去の数値とデータに頼って何になるのでしょうか。メンタルが原因だ，といったところで，できあがっている「動感メロディー」全体にかかわりうる工夫が必要とされるとき，無意識に起こる「本能的恐怖」に対処しうる「メンタルの工夫」は容易なものではありません。

　(d) このとき現象学による分析の解明力は，「何かが意識される」「気がつく」「気になる」といった注意や集中というときの心の働きの働き方の違いなどに周知，習熟していることに顕著に現れています。どうして，そもそもあることが気になったり，気づいたりするのか，そもそも「意識される」とか「意識にのぼる」ということがどういうことであるのか，意識と無意識についての鋭く，深い分析，とりわけ無意識に働く受動的綜合である連合と触発による衝動志向性の分析に長けているのです。この経験知の理論的裏づけは，時間論による裏づけを意味します。練習の積み重なりでどのように「動感メロディー」が形成されていくのか，過去把持と未来予持による時間分析をとおして理論化できるのです。ちょうど，座禅の修行において，唯識の「識の転変」の理論が，修行の理論化，裏づけに役立つことに類似しています。それは，練習の成果がどのように積み重なるかを明らかにする理論であり，その場合，単に機械的な反復には，意味がないことも含まれています。

　(e) この直前の「楕円車輪のポーズ」をしっかり意識することで「離手局面」の恐怖から解放されることは，リベットとヴァレラにおける「意識に必要な0.5秒」という脳科学研究の成果と関係づけることができます。つまり，直前の「楕円車輪のポーズ」に意識を集中することで，それに隣接する「離手

---

7 運動形態の形成のさいの感覚質の形成は，過去の反復練習のデータ収集による確率の数値と次元を異にすることが理解されねばなりません。この「感覚質は確率論を拒否する」ことについて，金子明友『運動感覚の深層』96頁および次頁を参照。

局面」に注意を向けることができないのは，このポーズを意識するためには，0.5 秒間の脳内活動が必要とされ，0.5 秒経つ以前に生じる「離手局面」の無意識の未来予持が充実されても，0.5 秒経っていないので，それが意識されることなく，受動的綜合によって無意識に形成されている「動感メロディー」にそくして，離手とそれに続く宙返りが難なく遂行されうると理解できるのです。

　⑥ 4 人の選手の〈わざの狂い〉に直面して，問われるのは，この「楕円車輪のポーズに意識的確認」という金子の工夫を，4 人の選手が共有することで，〈わざの狂い〉を克服できるか，どうかということです。この問いは金子によって「その意味核が間身体的な可能態になるかどうか」と表現されています。ここで意味核とは，その工夫の内実であって，それが 4 人の身体のあいだに共有される「間身体的な」，いつでも使用することのできる，実現可能な能力となりうるかが，問われたのです。このとき金子の報告にあるように，「二つの〈腰あふり〉と〈肩あふり〉のシステム化された〈キネステーゼ感覚メロディー〉を構成化する確認に入っていきました。……みんな一流選手ですので，みるみる〈動感メロディー〉の構成化に成功し，離手局面の恐怖から解放され始めました。規定演技の宙返り下りは新しい動感メロディーによって以前のような安定さをしっかりと確信できるようになったのです」とされています。このとき「動感メロディー」の間身体的な共同の獲得について，いくつか確認できることがあります。

　(a) まず確認されなければならない第一の点は，一人で新たなわざの習得のさいも，またコーチと選手の間や選手の間で，間身体的に「動感メロディー」が獲得される場合であれ，その習得の過程は，一人の選手や複数の身体によって主観的に経験され，それによってのみ「身につく」のであり，外からの客観的観測とそのデータの収集は，たんなる身体運動の結果（過去の結果）の後追いにすぎないということです。蝉の抜け殻を空にかざし，細かく計測し，そこに生きて動く蝉を見つけようとしても無理です。自分の過去の成績（点数）や実績を振り返って現在の自分の成績と比較しても何の意味もありません。内村航平選手は，2017 年 10 月の世界選手権以後，ケガに苦しみ，「その頃は，正直，東京五輪のことは一回忘れました。モチベーションを維持できなくなったんです。でも，逃げずに考えて，考えて，考え抜いたら，

なんかパッとひらめきみたいなものが降りてきたんです。こういうことかっ
て。……そのときは，もう過去にとらわれるのはやめよう，今の自分には今
の自分に合ったやり方がある，と思えたんです。そうしたら自分がすべきこ
とが見えて，それをやっているうちに体が動くようになってきたんです」[8] こ
のように「今の自分には今の自分に合ったやり方がある」ということは，ま
ず「今の自分の身体感覚に集中し，それに即して，動くようにする」という
ことなのです。

　(b) この「動感メロディー」が複数の身体に伝わり，習得されるという事
実は，一人の場合と同様，外から機器によって計測することはできません。
それだけでなく，そもそも動感メロディーは，人と人とのあいだに伝わる「間
身体性」をその本質にしているのです。というのも，実は，すべての主観的
な生きられた時間の流れやそのリズムは，孤立した個々の個別的な生命体の
内部の流れやリズムなのではありません。人は胎児の頃から母親との結びつ
きのなかで時間の流れとリズムをともに体験しあっており，それは生誕後，
授乳本能の本能（衝動）志向性の充実や不充実の繰り返しをとおして，母と
子の生命体のあいだに，共に生きて流れる「生き生きした現在」の「留まり
と流れ」として具体化されてきます。それをフッサールは「その衝動［本能］
志向性は，あらゆる本源的な現在を立ち留まる時間化として統一し，具体的
に現在から現在へと……押し流す」[9] といっているのです。

　(c) このように，生命体のあいだに生じる本能志向性の充実／不充実をと
おして生成してくる時間の流れとリズムは，運動感覚を含めすべての感覚（視
覚・聴覚・嗅覚・味覚・触覚等）のそれぞれの感覚質が生成するさい，その生
成のために規則性としていつも働いています[10]。乳幼児に初めて運動感覚が
それとして，つまり運動感覚という感覚質（クオリア）として意識されたのは，欠けてい
る「ゼロの運動感覚」でした。この「ゼロの運動感覚」に気づけたのは，無
意識の受動的綜合である連合において働いている未来予持された“運動感覚”
が充実しないからなのです。この「運動感覚の感覚質の生成」について，外
からの観察に終始する脳科学は，運動感覚の感覚質（クオリア）を始めから前提にするか，

8　yahoo ニュースでの内村航平の発言を参照。news.yahoo.co.jp/feature/1217 -
9　E. フッサール『間主観性の現象学 III その行方』邦訳，147 頁。
10　内部感覚と外部感覚の区別がつかない融合した原共感覚から個別的感覚質（クオリア）が生成
　するプロセスについて山口一郎『感覚の記憶』第 II 部第二章を参照。

クオリア（質）の生成を量（データとその法則）からの説明に託するかしかありません。ということは，クオリアのそれぞれの感覚質の意味の違いを前提にすれば，意味づけである志向性を前提にするか，あるいは，質を量から説明しようとする，いわば自然科学研究の課題ではない「生きる意味」を，自然科学から学ぼうとする無意味な企てに過ぎません。

　(d)「動感メロディー」の形成は，運動感覚そのものの発生の起源を，生命体（モナド[11]）のあいだに働く本能（衝動）志向性の充実／不充実によるモナド的共同時間化（共同の生き生きした現在の成立）にもつことに注目せねばなりません。ということは，運動感覚は，本来，その本質からして間モナド的時間流と同じ起源をもっているのであり，高度の「動感メロディー」の伝承の可能性は，この起源に発し，相互に限りなく無心に接近しうる練習をとおして，伝承の実現という方向に目的づけられている[12]といえましょう。

●まとめ

　これまでの考察を振り返り，重要な論点をまとめておきましょう。

　(1) ペアの競技の「一心同体」にしろ「新しいわざの習得」や「わざの狂いの克服」にしろ，外からの観察と計測による客観的時間の数値（データ）の収集は，結局，身体運動の結果の計測値の収集でしかないのであり，「同時やズレ」などの選手の主観的時間体験の形成にまったくもって関与できません。この主観的時間体験の形成を分析するためには，まずもって，計器による客観的時間の計測を使用せず，カッコに入れ，主観的時間の意識体験そのものの分析に向かわなければならないのです。

　(2) ヴァレラの神経現象学にみられるように，現象学的還元と本質直観の方法により，自然科学研究の成果を，本質直観の第一段階である「事例化」に組み込み，第二段階である「自由変更」をとおして，発生的現象学のすべての志向性の生成の探求に統合することができます。スポーツ運動学は，身体運動にかかわるすべての自然科学的研究（医学，生物学，脳科学，サイバネ

---

11 フッサールのモナド概念およびモナド論について，金子明友『わざの伝承』267頁および次頁，279頁を参照。
12 金子明友はフッサールの「我－汝連関」に向けられた「目的論的な無限の努力志向性」について言及し，フッサールの「共遂行」とマイネルの「運動共感」との近似性を指摘し，「動感出会いの基本原理」を確定しています。金子明友『スポーツ運動学』306頁から308頁を参照。なおフッサールの目的論についての詳細は，山口一郎『発生の起源と目的』265頁から272頁を参照。

ティクス等々の研究）の成果を，その方法論の限界内での研究成果として「身体運動」の本質直観の事例化に組み込み，「自由変更」属する超越論的志向分析をとおして，発生的現象学による発生的運動学の内部に統合していくことができます。身体運動の基盤に働く意味づけと価値づけ（志向性）を研究対象にできない，計測されたデータにしか客観性の基準を認めようとしない脳科学やサイバネティクス研究の学問論的蒙昧さと盲目性は明白なのです。

　(3) 外的観測によるデータ主義による指導法が端的にその破局を示す好例が，〈わざの狂い〉という選手生命を左右する出来事に対するデータ主義の無能さといえます。過去のデータの収集によるわざの成功率が無意識に突き上げてくる本能的恐怖にどう対処しうるといえるのでしょうか。人の身体はよくできた機械ではありません。物質の本性さえ，因果律によって定まらない量子物理学の現在において，機械論的因果論による身体把握の無能さが露呈され，徹底して批判されねばならないのです。

【参考文献】

金子明友『わざの伝承』明和出版，2002 年.
金子明友『スポーツ運動学』明和出版，2009 年.
金子明友『運動感覚の深層』明和出版，2015 年.
金子一秀『スポーツ運動学入門』明和出版，2015 年.
Depraz, N., The Rainbow of Emotions: at the crossroads of neurobiology and phenomenology, in: Phenomenology and the Cognitive Sciences, 2008.
野中郁次郎・山口一郎『直観の経営―共感の哲学で読み解く動態経営論』KADOKAWA，2019 年.
フッサール，E.『デカルト的省察』浜渦辰二訳，岩波文庫，2001 年.
フッサール，E.『受動的綜合の分析』山口一郎・田辺京子訳，国文社 1997 年.
フッサール，E.『間主観性の現象学 III その行方』浜渦辰二・山口一郎監訳，ちくま学芸文庫，2015 年.
マイネル，K.『マイネルスポーツ運動学』金子明友訳，大修館書店，1981 年.
山口一郎『感覚の記憶』知泉書館，2011 年.
山口一郎『発生の起源と目的』知泉書館，2018 年.

身体能力の発生と判定

金子一秀

［Ⅰ］身体知能の意味発生（センス）

§1. 競技スポーツに迫る科学技術（テクノロジー）

　2020年に東京オリンピックが開催されることになり，多くの国民がその成功を願っています。その競技種目に目を向けると，オリンピック種目から消える競技もあれば，まだ歴史の浅いスポーツでも新たにオリンピック種目に取り入れられたりします。時代の要請に応え，オリンピックというスポーツの祭典は刻々と姿を変えていくようです。このようなスポーツの祭典であるオリンピックに注目が集まる一方で，スポーツ界にはつねに多くの問題が指摘されています。昨今ではさまざまなハラスメント問題がスポーツ界でも話題になっているようです。そのようなことから，そもそも「人間にとってスポーツとは何か」という問いを再考する時期が迫ってきているのではないでしょうか。

　すでに経済界までも巻き込み巨大化したスポーツイベントは，さまざまな利権が絡みあいます。例えば，放映権を得たテレビ局が自国のゴールデンタイムに生中継をするために，開催地の競技時間にさえ立ち入ります。選手が素晴らしい成果を出すために競技時間が検討されるのではなく，スポンサーの権力がそれを上まわることもあるようです。よい競技結果を生み出すために，多くのテクノロジーが使われ新製品が開発されます。最新テクノロジーを駆使した用具が，あたかも選手の記録を作り出したかのように報道され，高度な技能を身につけてきた選手の努力は隅に追いやられてしまいます。また，競技の勝敗に関わる審判員は，その判定に疑問符がつけられるとメディアから猛攻撃を受けることになります。「人間の主観で判断することは正確ではない」という自然科学的な主張は，観衆を巻き込みその透明性を担保するために，最後はビデオ判定に委ねることになります。こうして，テクノロジーの進歩は競技スポーツの世界に入り込んできますが，本当にそこに問題はないのでしょうか。人間が採点や判定を行うスポーツの審判は機械の判断に置き換えられるのでしょうか。長い歴史の中で人間が判断することの意味があったからこそ，審判員が必要だったのではないでしょうか。それともそれは自然科学が遅れていた時代の認識なのでしょうか。その意味を改めて考

えずに、「主観的な判断は誤りである」という素朴な一言で体育・スポーツの文化史的な歴史を変えていっても大丈夫なのでしょうか。

§2.　学校体育に忍び寄る危機

　学校教育現場における体育については，新学習指導要領への改訂が行われています。その目的はよりよい教育を目指すと考えられますが，義務教育ですべての子どもたちに体育の授業を課する理由を問えば，そう簡単に答えは出てきません。〈健康体力づくり〉を教科の中心に据えれば，その目的を果たすだけなら，ジムやスポーツクラブに通い，進まない自転車を漕いだり，行き着かないベルトの道を走ったりしてもよいことになります。生理学的物質身体の機能向上を目指した〈健康体力づくり〉は，特に新しい運動技能を身につけることに直結するものではありません。日常的な動作に支障がない限り，トレーニングマシンを操作し体力の向上を目指すことができます。そうなると，体育における〈運動課題〉の意味が怪しくなってきます。「なぜ，逆上がりが必要か」という素朴な疑問に明快な答えが出せないから，〈体育不要論〉がいつまで経っても消えません。「豊かなスポーツライフを実現するための資質・能力を育むこと」[1]を目標に掲げ，新学習指導要領への改訂は，「体育分野の知識は〈形式知〉だけでなく，勘や直感，経験に基づく知恵などの〈暗黙知〉を含む概念である」[2]といったところで，運動課題それ自体の必要性は不明のままです。体育の授業で運動課題ができず苦しんでいる生徒に，「努力しなさい」と諭しても，「なぜこの運動課題でなければならないのか」と切り返されて答えはあるのでしょうか。挙げ句の果てに「努力したからよい」と教育者の顔を覗かせ「教師の隠れ蓑」[3]を纏えば，それは〈運動課題〉の意味を自ら否定してしまうことになります。

　「計算ができない」「漢字が書けない」生徒が「なぜできなければならないのか」と尋ねても，買い物をしたり自分の意志を伝えたりするには必要なことだと諭すことはできます。「それは将来自分の生活に支障が出るし，社会を構成していく人間の義務として覚えなければならないことである」といわれれば，なんとなく腑に落ちるところはあります。ところが体育におい

1　文部科学省編（2018）：『中学校学習指導要領（平成29年度告示）解説 保健体育編』東山書房　24頁
2　文部科学省編（2018）：同上書　8頁
3　金子明友（2002）：『わざの伝承』明和出版　80頁以降

ても，健康の維持は将来自分の生活に支障が出るからと論しても，やはりその〈運動課題〉の内容が，いわば論理学的〈述定対象〉そのものが欠損していますから，「できなければならない」という理由は見つかりません。将来，学校教育から体育をなくすという気運が促されたとき，それに太刀打ちできる理論はあるのでしょうか。

　ここで，「体育教育とは，本当に必要なものなのか」というコラムの一部を紹介します。そこでは，「なぜ子どもたちに，学校でサッカーをやらせなければならないのか？　ソフトボールやバスケットボールを，なぜさせるのか？　スポーツとは自発的に楽しむものである。それは子どもたちの権利でこそあれ，義務ではないはずだ。スポーツを義務にしたとたん，スポーツ本来の意義が（教育的意義も）消え失せる。そのように考えるなら，そもそも体育教育というものが，私には，まったく不要に思えるのだ。子どもたちの健康のため，というのであれば，スポーツを遊ばせることで十分だろう。それに成績をつけたり，内申書に点数で表す意味が，どこにあるのか？　そんなことをする暇があるなら，子どもたちが思い切り遊べる環境を整えること（たとえば校庭をすべて芝生にするとか，地域社会のスポーツクラブを整備する等）に腐心するのが，大人の役割といえるのではないか。どなたか，私に，教えてほしい。本当に，学校での体育教育というのは，必要なのですか？」と綴られています[4]。

　この〈体育不要論〉を指摘する意見に，私たちはどのように答えるのでしょうか。「学校教育法等に基づき，各学校で教育課程（カリキュラム）を編成する際の基準として，〈学習指導要領〉に体育が位置づけられているから」と答えるのでしょうか。それは体育教育そのものの価値を説明する答えにはなりません。仮に学習指導要領から体育という教科が削除されれば，反論もできず，そのまま学校体育は消えることになります。だから「体育という教科は義務教育において必修とする意味と価値がある」ことを説明できなければなりません。さらに大学の一般体育の必要性となると，学習指導要領に定めているわけではないので，各大学独自の体育の教育的意味を説明する必要に迫られます。この研究の立ち後れが，今現場で指導している体育の教員を苦しめている原因であり，いまだ明快な答えがでていないようです。改めて，体育の教育学

4　玉木正之／杉本厚夫編（2001）：「体育教育を学ぶ人のために」世界思想社　220頁以降

的意味を問い直し，運動課題を習得するべき必然性を明らかにしなければなりません。

§3. 体育概念の再確認

　発展途上国においては，国民の何割かが読み書きができないなどということを耳にします。幸いわが国では，憲法26条で定めているように，「すべて国民は，法律の定めるところにより，その能力に応じて，ひとしく教育を受ける権利を有し，義務教育はそれを無償とするという」ことにより，小学校・中学校が義務教育となっています。このような教育を受ける権利を有する傍ら，教育は知的レベルの向上というように一面的に理解されるようです。しかし，教育とは単なる科学的知識としての所産だけを意味するものではありません。「教育」とは，人間が人間に対して行われる事柄であって，神と人間に関する「信仰」，人間と動物間の「飼育」とは異なり，教育は人間と人間の関係において成立するものです[5]。人が人として存在しうるということは，単に豊富なエピステーメーを持つことだけではありません。社会という一つの集合体の中で，その規範の中で生活するという前提をも含み，人間は教育されて存在しうるのです。だから，空腹になると店に置いてある商品のお金を払わずに食べてしまうことは，現代社会では認められません。そのことが〈悪〉であり，そのことを守らなければならないという〈常識 (commonsense)〉は，まさに教育によって行われたのです。現代社会が抱える，常識では理解できないような凶悪な犯罪などは，まさに人間教育の問題と指摘されてもしかたありません。

　このように，教育は人間としての存在意義にまで，その意味は広汎に及び，人間が人間であることの存在を意味づけるものであり，単に学校教育の現場のみで行われるものではありません。教育の語源たるパイダゴーギケー (paidagōgikē) は，子どもの指導を意味しているから，パイス (pais) つまり，子どもの時期に限り，子どもが学校に入り卒業するまでが教育であるというものではありません。それは学校教育だけの意味ですが，本来的に教育とは，人間が人間となった瞬間，すなわち出生とともに始まることになるのです[6]。

5　真野宮雄 (1976)：『教育学研究全集　第6巻　教育権』第一法規出版　1~2頁
6　稲富栄次郎 (1977)：稲富栄次郎著作集『教育の本質』学苑社　20~21頁

「生きる」ということは，非在から存在へ，存在から非在へと移行する〈出産と死〉という二つの相反する状態の〈あいだ〉にあり，この意味ある矛盾を〈反論理〉と呼ぶことになります[7]。

　その〈教育内容〉については，その目標や目的が教育基本法において定められています。その目的の一つが，「幅広い知識と教養を身につけ，真理を求める態度を養い，豊かな情操と道徳心を培うとともに，健やかな身体を養うこと」です。〈知識・教養〉〈情操・道徳心〉〈健やかな身体〉という考え方は，人間存在の分節的な理解として，〈知育〉〈徳育〉〈体育〉という三育思想に裏打ちされています。明治5 (1872) 年の「学制」は，封建的教育観を否定して，近代的教育体制の建設を宣言しました。これ以降近代教育体制の体制下が積極的に行われ，ペスタロッチ教育学が伝えられ，スペンサーの〈三育主義〉が伝えられたのもこの頃です[8]。わが国に「知育・徳育・体育」を教育の柱として捉える思想の原点はここにあるのです。

　わが国は法律によって教育は義務化され，その教育内容は「知育・徳育・体育」を教育の柱として捉えるから，そこに〈体育〉があっても違和感は覚えません。それどころか，教育の三つの柱の一つが体育だと，教育的意義を強く主張することもできるでしょう。「体育が必要である」という主張は決して悪いわけではありませんから，体育の教育目標やその内容に目を向ける必要があります。

［II］　スポーツ運動学の創設

§4. 身体能力の意味内実

　なぜ「学校教育において体育が必要なのか」という問いは，〈三育主義〉やわが国の〈教育基本法〉を援用すればすむほど簡単ではありません。戦前における学校教育では，現在の〈体育〉は，〈体操科〉や〈体錬科〉と呼ばれていました。そこでは身体を鍛えるという目的のために体育が行われており，兵士への訓練をも視野に入れた体育であったことはよく知られていることです。当時の体力測定は〈体力章検定〉と呼ばれ，手榴弾投げや土嚢運び

7　ヴァイツゼッカー / 木村敏訳 (1995)：『生命と主体』人文書院　95 頁
8　金子照基 (1980)：『明治前期教育行政史研究』風間書房　291 頁

が種目として取り入れられていました。それが第二次世界大戦の敗戦によってアメリカの教育使節団がわが国を視察し，健康意識の低さが指摘され体育のなかに保健の内容を取り入れることを義務化し〈保健体育〉と名称が変わったのです[9]。

　その後〈保健体育〉は，現在まで義務教育の必修科目となっていますが，その内容は保健の分野と体育の分野を学ぶものとなっています。健康などに関する知識を学ぶ保健理論と実技を行う体育が，いつのまにか〈保健のための体育〉というような理解が生まれてきます。〈健康体力づくり〉がブームになり，お年寄りのウォーキングなど健康体力づくりのために生涯運動を行うことが日常化してきました。

　平成17(2005)年7月・初等中等教育分科会，教育課程部会において「健やかな体を育む教育の在り方に関する専門部会」では，「体育は，すべての子どもたちが，生涯にわたって運動やスポーツに親しむのに必要な素養と健康・安全に生きていくのに必要な身体能力，知識などを身に付けることをねらいとするものである。こういった観点から，体育の目的の具体的内容（すべての子どもたちが身に付けるべきもの）を考えると，体育の授業を通じて，すべての子どもたちに，一定（ミニマム）の「身体能力」，「態度」，「知識，思考・判断」などを身に付けさせることが必要である」という答申がでています。さらに，「生涯にわたって運動やスポーツに親しむことができるようになることは，社会生活を営む上で重要なことである。このため，すべての子どもたちが多くのスポーツに共通した要素を持つ運動種目等や広く普及している運動種目等を通して，生涯にわたって運動やスポーツに親しむための基礎となる技能を習得することが必要である」と説明しています[10]。

　つまり学校体育で行われる種目の運動課題の習得が，生涯にわたってスポーツを親しむ基礎になっていなければなりません。そこでは「多くのスポーツ種目を親しむ基礎となる運動とは何か」という問いが立てられることになります。しかし，ニュースポーツが次々と生み出される中「多くのスポーツに共通した要素を持つ運動種目」とはいったい何なのでしょうか。初めから他の運動種目に役立つものとして運動種目が生み出されたわけでもなく，ま

9　金子明友（2018）:『わざ伝承の道しるべ』明和出版　4頁
10 文部科学省：http://www.mext.go.jp/b_menu/shingi/chukyo/chukyo0/toushin/attach/1395089.htm

たそれぞれ独自の進歩を遂げてきました。そうなると新しい体育独自の「生涯においてスポーツを親しむ基礎となる運動種目」を考え出さないことには埒があきません。さらに〈体力〉とは区別される〈身体能力〉とは何かという問いにも答える必要に迫られます。

　「身体能力とは何を意味するのか」と考えてみると，生理学的な意味で使われる身体としての，〈柔軟性〉や〈筋力〉はとくに〈能力〉と呼ぶ必要はありません。トレーニングをすれば誰でも一応は獲得できる，生理学的特徴を持っています。そうなると生理学的身体の条件ではなく，〈身体を操る能力〉という意味が浮かび上がってきます。例えば，幼稚園児は一輪車の練習をしているうちに，いつのまにか一輪車に乗れるようになります。それは体力がついたからという生理学的身体の問題とは別の，〈身体を操る能力〉として一輪車に乗るという技能が獲得できたことになります。少しの練習ですぐに一輪車に乗れる子どもは「身体能力が高い」ということになります。

　「身体能力とは何か」ということを問い詰めていけば，そこに〈身体知〉というキーワードにたどり着くことになります。幼稚園児が自転車や一輪車に乗れるようになるのは，知識の獲得ではない〈身体知〉の獲得なのです。体育・スポーツの運動は身体的訓練において習得されるものですが，その〈身体知〉の獲得には，科学的知識ないしはそのロゴスが把握されているわけでもなく，その因果性を知悉した上での筋肉運動の操作的支配が行われるわけでもありません[11]。よく分からなくても反復をしていれば覚えるという〈身体知〉の基本的な特性は，「練習をすれば誰でもできるようになる」という常識を生み出します。しかし体育の授業で反復練習をしているにもかかわらず，覚えられない子どもがいます。

§5. 身体知能の能動性と受動性

　覚えられない人は反復回数が少ないという結論に導けば，体育の授業で授業マネジメントが重要だと主張することになります。より効率よく練習ができるマネジメントこそ，授業での練習の効率が上がり運動が覚えられる方法と考えることになります。それに伴って，よい体育授業とは指導案に沿って〈導入〉〈展開〉〈まとめ〉と効率のよいマネジメントが実施されたかどう

11　村上陽一郎編 (1981)：知の革命史 7『技術思想の変遷』朝倉書店　15 頁

かに注目が集まります。しかし，その授業マネジメントだけでは，〈身体知〉の獲得が上手くできない人もいます。極端にいえば，「すごくよい授業だったけど，誰もできるようにならなかった」ということが起こりえるのです。そうなると体育教師の必要性に疑問符がつけられることになります。このことを批判的に捉えれば，授業マネジメントは体育の専門家でなくてもできることだから，体育教師の独自性が問われることになります。専門家である体育教師にしかできない教育とは何でしょうか。そこに答えが見つからなければ，体育指導者養成機関で実技授業を課している意味がはっきりしません。

　生徒の〈身体知の獲得〉を直接手助けできるから，専門家である体育教師が必要なのです。そのためには体育教師自身が身体知能を身につけている必要があるから，義務教育で行われる運動課題を自らが習得していると結論づけることになります。それは，「できれば教えられる」という信念に基づいていて，体育指導者養成機関では体育実技が多く展開されることになります。ところが，その裏には「できなければ教えられない」という意味も含みますから，教えるべき運動課題ができない体育教師は失格なのでしょうか。また，老いて昔の技能が披露できなくなった体育教師は，退職を余儀なくされるのでしょうか。

　「できれば教えられる」といっても，一輪車に乗れる幼稚園の子どもが，他の子どもに一輪車を上手く教えられるとは思えません。「よく分からないけどできた」という，〈受動綜合化〉された身体知能の獲得では，他人の運動を指導するのは困難を要します。一方で，一流選手になれなかった選手が指導者になり，優秀なオリンピック選手を育てる現実もあります。場合によっては，自分の専門以外のスポーツ種目で，優秀な選手を育てるコーチもいます。こうして体育という教科の意味や体育教師に求められる能力などを再考する必要に迫られることになります。

　ここで「運動を覚えるために使う〈知恵〉とは何か」という本質的な問題が浮き彫りになってきます。学習指導要領で「運動課題発見・解決のための『思考力・判断力・表現力等』を育成する」[12]といっても，その〈身体知能〉の構成化の謎が不明なまま，マネジメント指導に明け暮れ「練習をさせたらできた」という次元に留まってしまえば，体育不要論はいつまでたっても消

12　文部科学省編(2018)：前掲書　東山書房　13頁

えません。たといポラニーの〈暗黙知〉[13]を引き合いに出して「語るより多くのことを知っている」といっても，大事な答えを煙に巻くだけでしかありません。結局は〈身体知能〉の謎に迫らなければ，体育授業の本質的な意義を問うことは困難を極めることになります。このような〈身体知能〉の生成消滅を主題化しているのがスポーツにおける発生的運動学なのです。

　このスポーツ運動学は，無意識の身体知の営みの世界に切り込み，「人間化された運動の知恵」[14]を開示することになります。あらゆる動きを覚える知恵としての〈身体知〉は，どのようにして獲得されるのかという謎を解明することになります。それは，無意識で覚える幼児の〈身体知〉から，「コツが分かった」といって高度な技能を習得する〈身体知〉まで多岐にわたります。この〈身体知〉が学習されるプロセスを開示するためには，フッサールの〈超越論的現象学〉を基礎に置く必要があるのです。すでに現象学では，〈無意識に生じる［触発］〉[15]〈受動的綜合〉の分析が主題化されていて，自我の関与しない〈受動的綜合〉の世界と自我意識を伴う〈能動的綜合〉との絡み合いが開示されています。〈自覚を伴う意識［能動的綜合］〉以前に，自分の〈無意識［受動的綜合］〉の層がすでに機能しているというフッサール現象学こそ，私たちの運動の世界の〈身体知〉の不思議さを開示してくれることになります。

　スポーツ運動学は，〈受動綜合化〉されている〈運動感覚意識〉（キネステーゼ）と自我意識の関与する〈能動綜合化〉との絡み合いの中で，〈身体知〉の構成化を開示していくことになります。それは職人の磨きあげた手業や技芸の達人の〈身体知〉を開示することになりますから，運動文化を伝承させることに繋がることになります。だから体育・スポーツに限らず，無意識に動ける名職人の手業の伝承にも関わってくることになる広大な研究領域を持っていることになるのです。

§6. 身体を問い直すスポーツ教育学

　「体育はなぜ必要か」という答えを求めるとき，成果主義に翻弄されている私たちは，その目的を何かと機械論的因果で結びたくなります。しかし，

13 マイケル・ポラニー／佐藤敬三訳 (1987)：『暗黙知の次元』紀伊國屋書店　15 頁
14 金子明友（2005）①：『身体知の形成（上）』明和出版
15 山口一郎（2012）：『現象学ことはじめ〈改訂版〉』日本評論社　127 頁

健康体力づくりであればジムやスポーツクラブで行えばよいし，技能習得であれば専門スポーツクラブやその種目のプロコーチに指導してもらえばよいのです。一般的に受験科目となりにくい体育は，学歴重視の風潮からか，その価値を低く見られストレス解消の場としてのレクリエーションと混同されます。いつも体育にはその教育的意義に疑問符がつけられ，〈体育不要論〉を正面突破することができません。〈身体能力〉という人間の〈身体知〉に注目した体育の方向は，まさに新しい体育を構築する基盤に立ったことになります。しかしそこではまだまだ検討すべきことが山積みです。すでにスポーツ運動学で体系化されている〈身体知〉から，運動課題としての教材を再考しなければなりません。生き生きと生涯を通して運動に親しむ態度を養う，ミニマムの〈身体知〉という視点から改めて運動財を見直したとき，どの運動課題がその能力を育むのに何が最適か見えてきます。こうして新たに〈身体知の獲得〉という視点から，体育の運動課題を見直し再構築する必要に迫られるのです。

　そこでは，従来のように単に授業マネジメントによって，たとい効率よく受動綜合化された身体知の獲得をしても，生涯運動を親しむ〈知恵〉の獲得にはなりません。「思うように動かない」という〈反逆身体〉[16]と向き合い，対話しながら，自らの身体を動かす知恵を育むのです。体育における〈学びあい〉〈教えあう〉というような〈アクティブ・ラーニング〉の意味は，「能動的に身体知の形成を育む」[17]ことであり，それは生涯にわたり，たびたび生じてくる〈反逆身体〉を克服する知恵となるのです。その〈知恵〉はわれわれが生き生きと生きる術となるから全ての人間が有する権利を持つのです。しかし〈アクティブ・ラーニング〉といって，体育授業で生徒が〈学びあい・教えあう〉環境づくりをするマネジメントに体育教師が終始してしまえば，教師の必要性が問われてしまいます。だから，子どもたち同士で解決できない運動の問題を，体育教師はたちどころに見抜き，それを解決できなければならないのです。問題を解けない数学の先生はいませんが，〈反逆身体〉の問題が解けない体育教師がいるのではないでしょうか。

　老いてから何かスポーツを始めようとしても，若い頃のように「反復によ

16 金子明友（2005）①：前掲書　明和出版　200頁
17 金子一秀（2008）："体育としての身体発生の意義"伝承8号　運動伝承研究会編　20頁以降

って自然にできた」という経験だけでは，その意欲はそがれてしまいます。でも，自分で工夫し考え〈コツを掴む経験〉としての〈知恵〉を育んだ人は，老いた身体と対話しながら運動を覚える楽しみに触れることができます。その〈動きかた〉を覚える〈知恵〉を育むための基礎づくりだから，誰もが学ぶ義務教育の中で体育は必修化されて当然なのです。

　その身体知の獲得の過程では生理学的身体条件の健康体力づくりにも貢献することになります。このような身体との対話を迫られる運動技能習得は，〈現象学する自我〉として〈他我〉を形成することになるから人間形成の教育にも資することになります。

　われわれが〈動きかた〉を覚えるという〈身体知〉を体系化し，それを幅広く能動的に獲得することは，将来多くのスポーツ種目を楽しめる生涯体育の知となるのです。一方で，そのような〈身体知〉の獲得に苦労している生徒たちに，〈コツ〉を教えることができるから，体育教師はその専門性を維持できることになります。生徒と一緒に悩み考え，知恵を授けるのは，数学の先生が問題の解けない生徒の思考過程を理解し，その知恵を授けるのと同じなのです。ただ，そこには生徒の身体知を読み取る極めて高度な〈運動感覚移入能力〉が指導者に求められることになります。体育指導者養成機関で指導者の身体知の観察力の養成が行われず，「できれば教えられる」という程度の認識で指導者養成の実技授業が展開されていては，新しい体育への道は拓けません。体育の教育的意義が身体知の構成化から明確に捉え直されたとき，従来の体育教育を巡る不毛な議論に終止符を打つことができるのです。

§7. スポーツ運動学成立史

　スポーツ運動学は，1960年に旧東ドイツのマイネル教授が，*"Bewegungslehre (Versuch einer Theorie der sportlichen Bewegung unter pädagogischem Aspekt)"*[18] を上梓し江湖に送り出したことから，その歴史が始まったことはよく知られています。マイネル教授の功績は，すでに他の分野で研究が進んでいた〈人間学的理論〉をスポーツの世界に取り込んだことにあります。旧東ドイツのマイネル教授が，当時の社会情勢では出版が許されない内容を巧みにかわし，"運

18　*Kurt Meinel(1960)："Bewegungslehre"Volk und Wissen volkseingener Verlag Berlin*

動学（*Bewegungslehre*）"を出版したことは極めて大きな功績となります。マイネル教授は，サイバネティクス的な運動学とはつねに一線を画し，〈主体原理〉を運動の中核に据え，その理論はゲーテ以来のモルフォロギーにたどり着きます[19]。わが国で運動学が紹介された初期の頃は，〈モルフォロギー的研究〉もしくは〈運動形態学的研究〉と称されていたのはこの意味です。しかし，マイネルの弟子のシュナーベル教授がマイネルの没後 "*Bewegungslehre*" の改訂版を出版し，残念ながら運動学をサイバネティクス理論の方向へと舵を切り替えてしまいました。改訂版が出版された後でしたが，日本では，1981 年にマイネルの初版本の "*Bewegungslehre*" が翻訳されました。それが，『マイネルスポーツ運動学』と題され[20]，わが国に初めてマイネルの〈運動学〉が紹介された一冊となります。わが国で運動学が発展してきたのは，マイネルの初版本の運動学が翻訳されたことに起因するものです。改訂版の運動学が先に出版されていれば，わが国の運動学はここまで発展することはなかったのかと思います。

　その後，この運動学は，平成元年 12 月の教育職員免許法の改正に伴い，平成 2 年 4 月から「教科（保健体育）に関する科目」の中に「運動学（運動方法学を含む）」が採用され，保健体育の教員免許を取得する者は，実践的な〈運動学〉を履修することになりました[21]。こうして現在，保健体育教員養成機関で〈運動学〉の講義が行われるようになったのですが，その講義内容は各大学さまざまであり，時には運動学をバイオメカニクスに置き換えて講義をしているという話も聞こえてきます。確かに〈運動学〉という言葉は，わが国では物理学的に運動を分析するバイオメカニクスや，関節や筋肉の機能解剖学などを〈運動学〉と称することもあります。しかし，保健体育の教員免許取得において履修すべき内容は，マイネルが提唱した実践的な〈運動学〉なのです。自然科学的思考に慣れ親しんできた私たちは，このマイネルの運動学でさえ馴染みにくく，〈運動学〉という日本語の多様な解釈から教科の必修科目に位置づけられている運動学が，正しく伝えられなくなっていったようです。一方で，このような誤解が生じる原因にマイネルの運動学が当時

19　クルト・マイネル / 金子明友訳（1998）：『マイネル遺稿　動きの感性学』大修館書店　150 頁以降
20　クルト・マイネル / 金子明友訳（1981）：『マイネルスポーツ運動学』大修館書店
21　浦井孝夫（2013）："教職免許法施行規則にみる「教科（保健体育）に関する科目」の「運動学（運動方法学を含む。）」の内容についての再確認" スポーツ運動学研究 26　133 頁以降

の社会情勢の中，出版に向けた検閲の目を逃れるために，科学論を交えて巧みに論を展開したことにも起因します。現象学を理論背景としながらも自然科学的装いを強いられたマイネルの運動学には，多くの矛盾が見え隠れします。その本意を読み解けないと，自然科学的運動学と誤解され，機能解剖学やバイオメカニクスでもない，よく分からない運動学が世に広まることになります。マイネル没後に発見されたメモ書きは，『動きの感性学』[22] としてわが国で出版されていますが，この内容からマイネルの運動学の真意が明らかになりました。初版本のマイネルの翻訳，さらにマイネル没後のメモの発見によって，わが国では〈スポーツ運動学〉として，マイネル教授の意志を継いだ運動学が発展してきたのです。

§8. スポーツ運動学の黎明期

　マイネル運動学が 1981 年に翻訳され，それに触発され，「モルフォロギー的研究」と称し，運動学の研究が盛んに行われるようになりました。その研究は，旧東ドイツのドイツ体育大学 [*Deutsche Hochschule für Körperkultur*] のボールマンの運動実験場面を設定し，16 ミリフィルムで運動を撮影し分析を行うことが中心でした。当時大学の卒業研究でそのような実験を行った人も多く，壁に画用紙を貼り映像を投射し，肩の位置や足の位置を特定し，場合によっては速度や角度を求めていたようです。キネグラムを作成し資料とし考察を加えていましたが，振り返れば，それがバイオメカニクス的研究と誤解される原因だったのかもしれません。モルフォロギー的研究といえば，映像を輪郭線でなぞった資料を載せるから，自然科学的な運動研究者たちからは，「極めて曖昧なイラストを使った主観的な研究」と揶揄されました。まだその分析法においては現象学的な厳密分析を施すほど進化しておらず，その批判に答えられず悩んだ人も多かったと思います。ゲーテは「形態学（モルフォロギー）」を紹介するならば，形態について語ることは許されない」[23] と，動きかた全体を〈直観〉によって捉えようとする試みが〈形態学（モルフォロギー）〉であるというにもかかわらず，生命ある人間の運動を分割し，挙げ句の果てには，数値化することが研究であるという，体育・スポーツの世界の風潮が私たちを苦しめたよう

22　クルト・マイネル / 金子明友訳（1998）：前掲書　大修館書店
23　ゲーテ / 前田富士男訳 (2003)：「ゲーテ全集 14」形態学序説　44 頁　潮出版社

です。現在においても，フッサール現象学を基礎におく運動学的研究論文でさえ，客観的で自然科学的エビデンス［明証性］がないという稚拙な批判が出るようです。哲学の現象学的研究において，このような批判が出ることはありえませんが，体育・スポーツの研究はまだその学問的広さに気づかないようです。学問領域の違いも理解できず，自然科学的な研究以外に関心も示さない昨今ですが，慣れ親しんだ自然主義的態度にエポケー［判断中止］をかけるのは困難を極めるようです。

　黎明期における運動学はまだ素朴なままでしたが，その後，わが国の運動学は飛躍的な発展を遂げ，フッサールの超越論的現象学を基礎に置き，厳密な〈純粋記述分析〉²⁴を施すまでに発展してきました。それはまさに現場の指導者が苦しんで教えた〈経験〉そのものが，学問的に開示できるようになったことを意味します。一方で，スポーツ運動学を学べば自分が教えようとしている動機や経験そのものを分析することもできるようになるから，スポーツ運動学は体育教師を目指す人にとっては必修となるのはこの意味においてなのです。

［Ⅲ］　身体能力の消滅に潜む裂け目

§9. 運動学における〈動きかた〉の確認

　〈運動学〉を〈キネステーゼ運動現象学〉と厳密に表せば誤解が解けるはずですが，改めて〈動く感じ〉いわば〈運動感覚発生〉の意味を再確認する必要に迫られます。というのも巷間では，「〈動きかた〉が発生する」ことは，「何か運動ができる」という意味に捉えられているからです。例えば，跳び箱が跳べない人が「跳び箱が跳べた」ことは，新しい運動課題ができたことになるから，「〈動きかた〉が発生した」と理解します。自然科学的思考は運動ができたという結果を〈発生〉と考え，その原因を探り「こうしたらできた」という因果関係を求めることになります。「できた」という〈事実〉が生じた結果からその原因を探り，それと因果関係を成立させようとすることになります。一例だけではその結果の信憑性が問われるから，多くの成功事

24 フッサール／細谷恒夫・木田元訳（2011）:『ヨーロッパ諸科学の危機と超越論的現象学』中央公論新社　397頁

例を集め〈統計標準化〉によってその原因の有効性を示し，一つの指導法の確立へと向かうことになります。一人の人間ができたのでは信憑性が怪しいから，多くの人に当てはめてみてその有効性を語ることになります。しかし，実際に指導を受けた人に尋ねればいろいろな答えが返ってきます。「先生のいうとおりにやったらできたの」と尋ねてみても，「よく分からないから勝手にやった」「先生のいったことを自分なりに理解した」などさまざまな答えが返ってきます。そのような「個人の主観的な問題を扱えば研究なんてできない」というのが自然科学的客観性を求める主張となります。つまり，〈同じ人間〉という前提を維持するために，個人の経験の中身を〈ブラックボックス〉に入れて形式的な〈理念化〉の論理だけを展開することになります。例えば，マネジメント管理としての有効な指導法を語っても，その有効性を保証しているのは〈動いている本人〉なのです。しかし，マネジメント的な指導は，本人の運動感覚にどのような変化が現れ，〈できた〉という結論に至ったのかには関心を持ちません。つまり，「なぜできるようになったのか」という問いに対して，「このような練習を行わせた」という，形式的な〈理念化〉された因果関係を示すだけとなります。

　どんなに有効といわれる指導法を使っても，全体の傾向から漏れた一つの例，つまり「できない」人にとってはまったく役に立たない指導法のはずなのです。このような指導法を治療薬と考えれば，「よく分からないけどこの薬を飲んだら治った」ということと同じです。医薬品であれば，「生体にどのような影響があるのか」「その副作用はどのようなものか」など多くの生化学的研究がなされ臨床実験を重ねます。一般的に医薬品として販売されるには，基礎研究から臨床実験まで多くの検討を重ねます。しかし「そのようなマネジメント的な指導法で，なぜできるようになったのか」を問われれば，「できた」のだから「それ以上知る必要はない」というのでしょうか。薬が効かなかった人には無関心ではいられませんが，「できなかった」人について，「それ以上知る必要はない」というのでしょうか。だから，体育・スポーツの研究は他領域から見れば素朴といわれることになるのです。しかし，指導実践場面に関わる教師やコーチたちは，「うまくできない人」を放置するわけにはいきません。ベルトコンベアに乗せて大量生産のためのマネジメント管理をしても，そこから漏れた不良品を見つけ，治していくのが教師やコー

チとしての仕事なのです。「他人と同じことをやっていては世界一になれない」といった有名なオリンピック選手がいますが，それこそ大量生産の道から漏れた人こそが，金メダルを獲得するのではないでしょうか。誰でも上手くなる指導を行っても金メダルは一人しか貰うことができませんから，それは他人と違うことをしたはずです。

　「なぜできないのか」という，他人の〈身体能力〉の構成化に関わろうとしたとき，初めてスポーツ運動学的な分析が求められることになります。現場の指導者の経験の積み重ねは，まさにキネステーゼ運動の発生現象学的な分析を施しているのですが，「そんな主観的なことをいっているからだめなのだ」と科学的な研究者から非難されてきました。しかし現在は，指導者の経験にキネステーゼ運動現象学的分析を施す〈スポーツ運動学〉が学問的に開示できるようになっているのです。

§10.　科学的運動分析の手続き
　そもそも自然科学という学問は，「広い意味での再現可能の現象を，自然界から抜き出して，それを統計的に究明していく，そういう性質の学問」[25]です。その再現可能性をさらに深く考えれば，同じ現象が生じるにはそれを引き起こす原因があり，その原因によって結果が導き出されるという因果法則が認められることになります。突き止めた原因によって引き起こされる結果がいつも同じであるという〈再現性〉によって，その結果に自然科学的な客観性が認められることになります。しかし，すべてが100パーセント再現できない場合，それは再現可能な現象が近似的にしか成り立たない場合であり，そこでは統計学的な取り扱いをすることになります。それは，その現象が生じる条件が正確に一定にならない場合，ある程度の条件の違いを同等に扱い，そこでは確率が求められることになります[26]。スポーツ科学においても，人間の運動を〈物体的身体〉の運動としてモデル化して自然科学的に分析するバイオメカニクスには主観が入り込みません。だから「まぐれ」「思い通り」という運動の結果の主観的判断は，そこから排除され同じ結果として扱われます。そこで得た結論は主観を排除していますから，「まぐれを思

25　中谷宇吉郎（1988）：『科学の方法』岩波書店　17頁
26　中谷宇吉郎（1988）：同上書　12頁

い通りにしたい」という人間の欲求には応えられません。スポーツの自然科学が動感発生に関わらない理由がここに求められます。一方，人間の主観的な心の問題を取り扱おうとしても，それぞれの経験は個人の主観的な判断に基づきます。人間として一つの心理学的な傾向を導き出そうと統計標準化しようとすれば，多くの人間に再現可能な現象が近似的に成り立っていると仮定するしかありません。ある選手が試合前の心理状態を専門家から講義を受けた時，「私は実際の試合の時にはそうではなかった」と反論したところ，「それはあなたが特別なだけ」ということに憤慨した学生がいました。しかし，〈統計標準化〉とはそのような性格のものですから，その例外が少なければ誤差として扱われます。各個人の心理状態を〈統計標準化〉した一般的な人間の心理状態という傾向は，一人の人間の心理状態を意味しているわけではありません。だからその傾向は，一人の人間には，当てはまることもあるし，当てはまらないこともあるのは当然なのです。それはこの結論が間違っているのではなく，そのような手続きによって導き出された結論なのです。似たような身近な例でいえば，明日の天気の降水確率は，明日の天気が過去とまったく同じ条件とはならないから，近似的な仮定を前提とします。だから100パーセントの降水確率でも雨が降らない可能性は否定できないことになります。さらにそれは1ミリ以上の降水の確率を意味するのですが，いつのまにか降水量の予報と勘違いする場合もあるようです。

　科学的思考に慣らされている私たちは，自然科学には主観が入り込まない客観的な結果を呈示するものであると単純に捉えてしまいますが，それは主観を排除した客観的な結果です。天気予報など自然界の現象には主観が入るはずもありませんが，人間の運動は〈自己運動〉[27]であり，その現象は主観的経験によって実現されているのです。そもそも，因果法則とは「何か原因があって,それと直結して結果がある」というふうにとられやすいのですが，自然科学者は，「結局のところ，原因とか，あるいは結果とかいうものはないのである。ただ，人間が，ある現象のつらなりを，原因結果的に見て，順序を立てるということにすぎない」[28]と説明します。つまり，客観的といわれる自然科学的分析でも，再現されていると思う現象の一部を，人間の主観

27 ヴァイツゼッカー / 木村敏他訳 (1988)：『ゲシュタルトクライス』 みすず書房　31 頁以降
28 中谷宇吉郎 (1988)：前掲書　21 頁

的判断で，原因・結果的に見て，「どこかに何らかの因果法則が認められる
のではないか」という仮説から始められるのです。繰り返し起こる現象が生
じれば，その原因を探すという人間の因果思考は，加速しながらより精密な
因果関係を求めようと進んでいきます。仮説を立てることは思考にとって重
要ですが，その後の手続きに〈事実学〉[29] としての自然科学的分析で実証す
るしか方法がないと考えるものではありません。自然科学の成果は誰もが知
るところですが，実証されていない理論的結論を導き出す理論物理学も自然
科学ですから，「実証されていないと客観的ではない」という認識は狭いよ
うです。一方でこのような人間の主観の問題を排除せず，経験した事実を一
元化として捉え，それを分析しようとする〈本質学〉が現象学的な記述分析
なのです。スポーツ運動学も，生きる人間としてスポーツの動感世界を分析
しますから，実証主義的な〈事実学〉としての自然科学ではない，〈本質学〉
としての純粋記述分析を施すことになるのです。自然科学で解明できない動
感経験の問題を開示しようとするスポーツ運動学ですから，自然科学的客観
性がないのは当然なのです。

§11. 二元論的思考の呪縛

　私たちは〈物質〉と〈精神〉という二元論的な考え方により，身体は二つ
の側面を持っていると考えます。スポーツの世界でも〈メンタル〉と〈フィ
ジカル〉という二つの側面から運動を捉えることが一般です。運動を実際に
行っている選手も，試合で緊張をして失敗をすると「自分はメンタルが弱い」
など口にします。一方，肉体の強さを表すときに〈フィジカル〉という言葉
を使います。筋力トレーニングは〈フィジカル〉を鍛え，〈メンタルリハー
サル〉によってそれを支える精神を鍛えるという，二元論の合成で高いパ
フォーマンスが得られると考えるわけです。ところが〈金槌〉と呼ばれる泳げ
ない人は，「泳ぐために必要な生理学的身体条件の不足」が原因とは考えに
くい問題です。では〈メンタル〉の問題として解決できるのでしょうか。し
かし「水への恐怖心」を原因として，それを取り除いたところで泳げるよう
になるとは思えません。そこでは〈水に浮くコツ〉が分からないのです。水
中で力を抜き水に浮く感覚を身につけないと沈んでしまいます。それは〈フ

---

29 フッサール / 細谷恒夫・木田元訳（2011）：前掲書　19 頁以降

ィジカル〉でも〈メンタル〉でもない〈運動感覚〉の問題です。だから初心者に泳ぎを教えるとき浮き身など水に浮く感じを教えていくわけです。その水に〈浮く感じ〉が分かったときに私たちは「コツをつかんだ」といいます。一度コツをつかんだ子どもは，不思議なことに何度でも浮き身ができるようになります。何度も挑戦して時間をかけてコツをつかむ子どももいれば，先生の一言でコツをつかむ子どももいます。時間をかけて自然にコツをつかむのであれば指導者は必要ありません。その時間を一気に短縮させることに人間が関われるから，指導者の存在意義が生まれてくるのです。「あの先生に習うとすぐにできる」というように，そこには指導者の能力性が認められます。いったいその先生は子どもの〈動きかた〉のどこに問題を見つけ，どのようにして〈コツ〉を教えたのでしょうか。このような指導実践場面での疑問が運動学の研究対象領域となります。

　そもそも自然科学とは再現可能な問題を扱うから，一つの法則が導き出されることになります。どんなときにでもその法則が当てはまり，それは誰でも認められるから客観的な法則といわれることになります。だから，科学の限界は，再現可能な問題に限られているのです。しかし，ほんとうに再現が可能なのかと問えば，厳密には再現可能な問題はないのです。だから再現可能でないものを，再現可能であるという見方をするために，現象をいろいろな要素に分けて考えることになります[30]。スポーツの自然科学において人間の運動を分析しようとする試みは，人間の運動全体を切り刻んでそれぞれの学問分野で分析することになります。その範囲では再現は可能としても，それぞれの分析結果を総合すれば全体として複雑な人間の運動が分かるというわけにはいきません。その研究対象が専門の学問分野で扱わない問題となると，「それは別の学問で分析することだ」と主張するのは，魚屋で「野菜をください」といえば，「八百屋に行ってください」というのと同じです。

　〈フィジカル〉と〈メンタル〉という二つの視点から，人間の運動を分析しても，〈コツ〉を覚えるという問題はどこで扱われるのでしょうか。〈コツ〉なんて主観的だといっても，「水に浮くコツ」を掴むのは〈フィジカル〉や〈メンタル〉の問題ではなくても，泳ぐことにはどうしても必要な運動感覚なのです。逆上がりが上がらない子どもに「腕の力が弱い」と筋力不足を指摘し

30　中谷宇吉朗（1988）：前掲書　91 頁

て「腕立て伏せ」を行えば逆上がりが上がるようになるのでしょうか。仮に上がったとしても，腕立て伏せで使う腕の筋肉と，逆上がりで肘を曲げるときに使う筋肉とはそもそも筋肉の部位が違うのではないでしょうか。あるいは，筋力不足を指摘された子どもに指導者が〈コツ〉を教えてすぐに逆上がりが上がった場合はどう考えるのでしょうか。生理学的身体としての筋肥大による出力の増加には長期的な時間がかかるはずですが，どう説明するのでしょうか。

　こうして，〈コツ〉という主観的なことは，運動を覚える私たちにとって極めて大切な問題ということが見えてきます。それを分析するのが運動学であり，それは二元論的な考え方ではなく一元論として人間の運動を捉えていくことになります。現在の体育の目標も「心と体を一体として捉え」と謳ってはいますが，運動学的な運動分析が施されない体育の現実から，二元論の呪縛からはそう簡単に逃れられないようです。

§12．〈動きかた〉の消滅

　一般的には，運動とは物質的な身体が動くことであり，それを動かす筋肉は神経回路によって脳と繋がっていると学びます。反復練習は新たな神経回路を構成することを支え，フィードバック機能によってより効率よく運動を学べると，二元論的思考で運動学習を考えることになります。しかし，運動実践場面では，「できていたことができなくなる」ことがあります。学習された運動は，新たな神経回路が構築されたというならば，「できなくなる」ことは，その神経回路がショートしてしまうことと理解できます。フィードバックによる神経回路の運動制御で説明しても，「できていた運動ができなくなってしまう」ことは説明できません。そうなるとその修復はメンタルの問題へ丸投げされてしまいます。ところがさらに不思議なことに，「できるけどできない」ということもあります。

　例えば，クラスで逆上がりが上手といわれ，自らも上手と自負している子どもの前で，体操選手が逆上がりをやったとします。その子にとっては，その逆上がりは衝撃的なくらい自分の逆上がりと違うことに気づきます。自分の逆上がりとまったく違うレベルの逆上がりを見た瞬間，「あのようにできるようになりたい」と思ったときから，「できるけどできない」という言

葉が出てきます。つまり，今まで通りの逆上がりは〈できる〉けど，覚えた
い上手な逆上がりは〈できない〉という意味になります。また，「できたけ
どできない」ということもあります。私たちの運動は，突然よく分からな
いけど〈マグレ〉で運動ができることがあります。運動が終わってから〈で
きた〉ことに気づく〈マグレ〉は，次にどうしたら同じことができるかはわ
かりません。つまり，〈できた〉という過去は知っていても〈できる〉とい
う未来の予測がまったく立たないという意味です。〈偶然〉を〈必然〉にす
る欲求に支えられるから，私たちは習練を重ねるのです。

　こうして私たちは「どのような運動を覚えるか」ということについては，
本人の主観的な〈価値意識〉に支えられていることになります。「できてい
るけど，できない」という〈パトス葛藤〉の中にいて，どんな運動を生成す
るかは本人の〈価値感覚（Wertnehmen）〉[31]に支えられていますから，これはメ
ンタルの問題で解決できるものではありませんし，運動課題ができているこ
とから単に〈フィジカル〉の問題とも言い切れません。

　こうして実践場面をよく考察すると，二元論的思考では解決がつかない問
題が山積していることに気づきます。さらにやっかいなことは，「二度とで
きなくなる」というような運動の消滅現象です。〈動ける〉という運動が消
滅することは，〈動く感じ〉が消滅することを意味します。それもスポーツ
運動学でいう〈発生現象〉で，その酷い消滅発生が〈破局的消滅〉であり，
ひとたびその情況に陥ると，「動こう」と思うことが「動けない」ことを引
き起こすのです。これはスポーツ界では「イップス (Yips)」[32]と呼ばれる現象
の一つと捉えられるのが一般です。

　プロゴルファーで，パッティングのイップスに陥り引退する選手は少なく
ありません。野球の選手で，投球のイップスに陥る選手もいます。それは普
段は問題なく動けるから，「物質身体としては運動を行うことはできる」と
考えることになります。投球イップスの実録動画では，投げようとする動き
が中断したり，ボールを離すタイミングがおかしくなります。その欠点の修
正について，「動きの中断をやめてスムーズに動けばよい」「ボールを離すタ
イミングをこうすればよい」など，外部視点からは簡単に語ることができま

31 フッサール／立松弘孝他訳（2013）：『イデーンⅡ・1』みすず書房　10頁
32 長谷川智憲（2006）："身体化するところの問題「イップス」への対処法" トレーニングジャー
　　ナル2月 No.315　30頁

すが，具体的に動きかたを修正しようとする努力，つまり，動きの修正をしようとする能動的志向性が受動綜合化された身体知の構成化を〈破局的消滅〉に追い込むことになります。

　二元論的思考は，「以前は問題なくできていた」という前提により，物質身体を動かすメンタルの問題としてその改善の糸口を探すようです。具体的な動きかたの修正に向かえば症状が酷くなるから，そこには触れないメンタルの改善に向かおうとしますが，〈身体知〉の構成化の障碍そのものに直接立ち入らないから，たとい問題が解決したとはいっても表面的な話になってしまいます。「大丈夫，落ち着いて」といくら言葉で念じても，その原因は不明なままです。これは〈自己運動〉としての動感意識の障碍であり，超越論的分析により，原発生の地平にまで回帰しなければ，その問題は明るみに出てきません。普段は何も考えていない動きかたに，他人が気になる指摘をしたとたん「できなくなる」こともありますから，誰にでもその可能性はあります。体操競技の 一人の選手の破局的消滅の例証分析は，自我が関与する能動志向性によって，鋳型化された動感形態が消滅するという運動発生現象学的分析が施されています。その苦悩は〈原発生〉の〈時間化能力〉まで疲弊させていくという動感発生の始原を開示しています[33][34][35]。〈志向性〉という意識のあり方は，情報量が多い方が正確な判断ができるという情報処理の考え方とは違い，その取捨選択は本人の志向的態度にかかっています。相手の動感世界を見抜ける老練の指導者は，一言で相手の動感形態を破局的消滅に追い込むこともできるのですから，単なる「言葉がけ」には注意が必要です。

§13. キネステーゼ感覚の生成・消滅

　運動を覚えようと習練を続けているとき，「分かった，できる」という意識があります。一方で，まだ成功したことのない運動においても，「もう少しでできそう」という自覚も生じます。どちらも実際にやってみなければ分からないはずですが，その〈確信〉はどのようにして生じるのでしょうか。言語的な思考ではない，自らにもたらされる〈気づき〉こそ，フッサールの

33　金子一秀（2015）："体操競技における〈破局的消滅〉の純粋記述分析" 伝承 15 号　運動伝承研究会編　41~59 頁
34　金子一秀（2016）："破局的消滅における転機の純粋記述分析" 伝承 16 号　運動伝承研究会編　77~101 頁
35　金子一秀（2017）："動感消滅の超越論的静態分析" 伝承 17 号　運動伝承研究会編　21~39 頁

超越論的現象学を下敷きに，受動綜合化された動感意識の実存が開示されることになります。すでにフッサール現象学では，このような〈確信〉は，受動綜合化され統覚された運動感覚（キネステーゼ）が自我にもたらされると説明されています。自我にもたらされるキネステーゼ感覚質は，まさに受動綜合化された〈身体知の声〉なのです。「できる気がする」「できる気がしない」という動感意識の発生は，受動綜合の営みが自我を〈触発〉し，能動的志向において自我が〈対向〉するキネステーゼ感覚質なのです。体育教科で「運動課題の発見・解決のための『思考力・判断力・表現力等』」をいくら重視しても[36]，受動綜合化された動感世界の身体知の構成化を知らずにその身体能力を育むことができるのでしょうか。

　フッサールは，意識の志向性から内的時間意識を開示し過去把持の発見に至りました[37]。私たちの動感意識経験も，内的時間意識の原理に従い，過去把持は二重の志向性（［延長志向性（*Längsintentionalität*）］［交差志向性（*Querintentionalität*）]）[38] によって「立ち留まりつつ流れる」[39] ことになります。発生的現象学では，そのつどわれわれの動感意識経験は，過去把持へと流れつつ沈み込み，二重の志向性によって繋ぎ止められることになります。この自我が〈対向〉する動感意識の発生が，スポーツ運動学が主題化している動感発生なのです。

　「できる気がしなかったけど，練習しているうちにできる気がしてきた」ということは，受動世界の身体知の統覚化を自我が感じ取ることになります。一方で，「練習をしていても，できる気がしない」という人もいるから，その身体知の営みを解明することは極めて難しいのです。その動感意識は「さっきはできる気がしていたけど，今はできる気がしない」というように，〈生成〉〈消滅〉を繰り返します。他人からの一言で，「できる気がしなくなった」ということもあるから，動感意識の志向分析を施さない，形式的な〈言葉がけ〉には注意が必要なのです。私たちが動こうとする営みには，すでに動感形態が受動綜合化され〈先－構成〉[40] されていて，動感意識は，そのつど〈生成〉〈消滅〉を繰り返すことになりますが，それがスポーツ運動学でいう〈発

36 文部科学省編（2018）：前掲書　13頁
37 山口一郎（2008）：『人を生かす倫理』知泉書館　147頁
38 フッサール／立松孝弘訳（1982）：『内的時間意識の現象学』みすず書房　105頁以降
39 フッサール／浜渦辰二・山口一郎訳（2013）：『間主観性の現象学Ⅱ　その展開』
40 山口一郎（2005）：『存在から生成へ』知泉書館　39頁

生現象〉なのです。このような動く人たちの動感意識を捉えることができる指導者は、「あの選手はコツが分かってきたみたいだ」と選手の〈コツの足音〉を聴くことができます。

§14．身体知能による分析力

　われわれの習練は、今終わった運動を振り返り、「この動きがおかしかった」「ここをもっとこうすれば良かった」など反省を行います。運動中に自分の運動を外から眺めることはできませんから、その判断は自らの〈動く感じ〉を頼りにするしかありません。まさに主観的な自分の〈動く感じ〉の判断によって、「自分は歩いて来た」という言表を生み出すことになります。「自分の運動を見ることができない」といっても、スマートフォンなどで自分の運動を動画で撮影することが手軽になった時代なので、「自分の運動は見ることができる」と勘違いしてしまいます。重要なことは、「運動中に自分の運動を外から見ることはできない」ということです。動いているときの自分の運動判断は、いつも感覚で行われているのです。感覚が主観的だといっても、この主観でしか自分の運動を捉えることができません。「ビデオを見せると早く上手になった」といっても、そのビデオ画像を本人が見て、何に気づき、さらに自分の運動をどのように改善しようと思ったことは主観的なことなのです。さらに改善しようと努力しても上手くならない人もいれば、すぐに問題点を修正できる人もいます。その主観的な判断の違いが、〈できる〉〈できない〉を決定づけるわけですから、そこに興味を示さない指導者はいません。「どのように〈主観の判断〉が行われ、なぜそこに違いが生じるのか」という疑問を持って初めて〈運動学〉を学ぶスタートに立つことになります。

　「自分が歩いてきた」という判断はいかにして行われたのかという問いを立てたとき、その「動いた感じとはどこの感覚か」と個別感覚と因果を結ぼうとしても、それを決定づけることはできません。仮に「移りゆく景色が見えたから」「腕を振ったから」「足が交互に動いたから」など歩くことで得られた個別の感覚情報が〈歩く〉という判断に関わったとしても、それらを総合して判断したのでしょうか。この個別の感覚情報は〈走る〉ときも同じですから、〈歩〉と〈走〉の区別はついていません。得た知識で〈空中局面の有無〉と語ったところで、「そんなことをいちいち考えて判断したのではな

い」のです。なんとなく漠然とした〈歩いた感じ〉があっただけなのです。この歩いた感じは，さらに〈早歩き〉〈小走り〉など細かい区別に向かいます。「それはどう違うのか」と動きを外から眺めて分析しても答えは出てきません。周りから見ていて早く歩いていなくても，本人は〈早歩き〉だということもあります。本人の言表は，私自身が疑うことができない〈絶対主観性〉[41]ですから，そう感じたことを他人が否定できるはずもないのです。「頭が痛いといって，じつはお腹だった」ということが絶対あり得ないように[42]，私が感じた経験は疑うことができないのです。熟練の指導者は，このことを良く知っており，本人のいうことが〈間違い〉という判断を下す前に，「なぜそのように感じたのか」ということに関心を持ちます。本人の感覚が〈間違い〉と判断を下すときには，私の中に正しい感覚や知識が先にあるのです。つまり「自分が正しく，相手が間違えた」という前提ができているのです。ところが，自分より優れた技能を有しているオリンピック選手が自分とまったく違う感覚を語ったとしても，「一流選手にしかわからない感覚があるのか」と，自分との違いを素直に認めます。まだ運動の初心者でうまく運動ができていない人の感覚の言表については，「そんな感覚はおかしい」と強烈に否定するのは，会話の前提となる〈かのごとくの合意〉[43]が成立していないのです。幼児が「ここのケーキはおいしい」といっても，大人である自分の好みと合わなければ「子どもにはわからない」と自分の感覚を正当化し，美味しいと感じた幼児の味覚を頭ごなしに否定します。運動の指導も同様なことが起こっていて，自分が得意だった運動を教えるときには，「自分の感覚が絶対である」という信念に振り回されます。その結果，相手の感覚が間違っているという見解から一歩も抜け出せなくなることがあります。「名選手必ずしも名コーチにあらず」といわれるのは，自らの技能に誇りを持っていて「その感覚が絶対である」という呪縛から逃れられず，教える相手を理解する態度が硬直してしまうからです。

　この〈動く感じ〉を頼りに，われわれの運動習得は「さっきより良かった」「ここがおかしかった」など思索を重ねます。その本人の主体の営みに関心も持たず，「昔は感覚で判断していたことが，今はビデオ映像で客観的捉え

41　L. ラントグレーベ/山崎庸佑他訳（1980）：『現象学の道』木鐸社　139頁および316～317頁
42　坂本百大（1986）：『心と身体』岩波書店　216頁
43　坂本百大（1986）：同上書　58頁

ることができるようになった」と，体育の授業で映像機器をつかった授業が
増えています。それを後押しするように，子どもたちにアンケートをとれば
「わかりやすい」「欠点がよくわかった」と評価され，次第にこのような授業
形態がよい授業と評価される風潮が生まれます。ところが映像で欠点を知っ
ても，その動きの修正は知識で行ったのではなく，本人が自らの感覚で動き
を修正したのです。だから，欠点を知っても，修正する〈動く感じ〉が分か
らない子どもは，「分かっているけど，できない」というのです。優れた体
育教師は，このことを知っているから，その生徒の動感に適った〈動く感じ〉
を教えることをします。その能力性が認められるから，「あの先生に習うと，
すぐにできるようになる」と指導者の身体技能が語られるのです。

　この体育教師が見抜いているのは，物質的な身体の図形変化ではなく，本
人の動ける身体の〈動く感じ〉なのです。生徒や選手の〈動く感じ〉を感じ
取る能力は訓練によって獲得されるものですから，「分かる人には分かるし，
分からない人には分からない」といわれます。だから専門家としての身体能
力が認められることになるのです。

　「よく訓練された経験豊かな体育教師やコーチが初心者から明確に一線を
画すことができるのは，確実な見抜きの能力によって，すばやく的確に運動
の欠点やその原因を確認することができるからである」[44]と，マイネルは運
動観察力の訓練の必要性を説いています。欠点を見つけられなければ，その
修正指導はできないから，体育教師の観察力の養成は極めて重要なのです。
美術品の鑑定は「わかる人にはわかるし，わからない人にはわからない」と
言っても違和感がないのに，「わが子の運動を低く評価された」と文句を言
う親に，「わかる人にはわかるし，わからない人にはわからない」と言いき
れないほど，体育・スポーツの世界では指導者の運動感覚を判断する能力が
認められていないようです。それは指導者の観察力の訓練が運動学で体系化
されてないことにも起因します。スポーツにおいても採点や判定にも同じ問
題が生じており，客観的に説明できない「人間によってのみ判断される」こ
とがあることを早急に学問的に開示していかなければなりません。

44　クルト・マイネル／金子明友訳（1981）：前掲書　141頁

[IV] 主観判断による〈事態分析〉の諸問題

§15. 日常運動にみる主観判断と客観判断

　「スキップとは何か」と考えたとき，辞典によると「かわるがわる片足で軽くとびはねながら行くこと［大辞林］」「かわるがわる片足で軽くとぶ二拍子のステップ［明鏡国語辞典］」などと説明されています。〈片足でとぶ〉ことがスキップの条件であり，その足跡は〈右・右・左・左・・〉となっていきます。その足跡だけを見て，〈スキップの足跡〉と単純に規定できないのは，けんけんで二回ずつ足を交替させても同じような足跡が残るからです。「〈けんけんの足の交替〉と〈スキップ〉は足跡が同じだから〈同じ運動〉」とは，私たちは自らの身体で了解できません。間違いなく自分の動感感覚では，この二つの〈動きかた〉を区別しています。さらに，その違いを言表できなくても，二つの運動課題を明確に知っているどころか実際にそう動けるのです。スキップとけんけんの足の交替の違いの説明を求めても，「リズムが違う」という程度しか答えられません。「リズムの違いはどうして生まれるのか」と，さらに問えば答えに詰まることになります。「語るより多くのことを知っている」というポラニーの〈暗黙知〉[45] は，スポーツ実践場面では「私はそう動ける」ことでその実存が明確化されてきます。科学的思考はこの違いを外部視点からの図形変化に現れると考え，〈事実学〉としての精密分析を施す方向に向かうことになります。

　スキップとけんけんの足の交替の動画をよく観察すると，その違いは，〈けんけん〉は「トン・トン・トン・トン・・・」〈スキップ〉は「トン・ト・トン・ト・・・」と，リズムの違いを指摘し，〈ト〉〈トン〉という言葉で区別します。そのスキップのリズムとして表される独特な〈ト〉というリズムは何を意味するのでしょうか。その違いを分析しようとすると，映像を観察しながら〈ト〉と表現する動感システム局面と〈トン〉と表現する動感システム局面の違いを運動経過の図形的変化に求めたくなります。つまり動感システムで区別している局面が，対象化した運動の図形変化に現れるという前提をもち，自然科学的に分析できると考えることになります。確かにそこでは「ス

45　マイケル・ポラニー／佐藤敬三訳（1987）：前掲書　15頁

キップは足が交替する〈ト〉と表現する局面から，次の足が踏切に入るまでは両足が地面に接地している」という特徴を見いだすことができます。けんけんの足の交替は，〈トン・トン・・〉という表現のように，足が交替するとき両足接地が出現しないから，この二つの運動が外部視点から区別されることになります。ここにおいて，動感システムにおいて区別された〈ト〉と〈トン〉のリズムの違いは，外部視点からとらえた運動経過の違いと一致することになります。だから，足が交替する局面で「両足接地があるのが〈スキップ〉で，空中局面があるのが〈けんけん〉である」と客観的な視点からこの二つの運動を規定できると考えてしまうのです。さらに〈両足接地〉と〈空中局面〉の出現という結論は，一般的な〈歩〉と〈走〉の区別と同じだから，スキップは「〈歩〉と〈走〉の組み合わせ運動である」という結論に至る場合もあります。

　こうして運動経過の図形的変化とわれわれが捉えるリズムの違いとが，足が地面に接地するという外部視点から，二つの運動課題が区別できると考えてしまいます。こうして主観的に「リズムが違う」といっていたことは，「〈両足接地の有無〉のことである」という結論に至ることになります。まさに主観的な判断が客観的に実証されたという流れは，両足接地の有無を観察していれば，誰もが容易にこの二つの運動を区別できるということになります。このような主観的な経験を客観的に分析するのがスポーツ運動学ではありません。その主観的経験の深層に向かって〈本質学〉として〈純粋記述分析〉を施していくのが，スポーツ運動学なのです。

　だから，足の交替の際に空中局面が出現しても，「スキップを行った」と捉える〈絶対主観性〉という現実を捉えることになります。先の結論では，足の交替局面に両足接地がないから，それは「スキップではない」というのでしょうか。科学的に分析した結果だから「それは，けんけんの足の交替である」と，本人の判断を間違えと断言するのでしょうか。腹痛を訴えている患者を調べ，そこに異常がなければ「本人の痛みは誤りである」とはいいません。むしろその痛みの原因を探そうと，さらに精密な検査へと向かいます。どちらも同じ主観的な判断ですが，その扱いはまったく違うものです。そもそも，足の交替の際に空中局面が出現するかどうかの有無が，〈スキップ〉と〈けんけん〉とを決定的に区別するという視点はどのように導き出された

のでしょうか。そこには自然科学的な実証主義的な思考を巡る基本問題が潜むことになります。

§16.〈スキップ〉の解体分析

　外部視点から分析した〈空中局面の出現〉の有無は，さらに「足の交替局面で空中局面が出現しないことが，スキップの必然か」という問いに答えなければなりません。そこでは，「どのようにすればスキップという〈動きかた〉が解体するのか」という〈解体分析〉[46] を施すことになります。私たちは普通のスキップの変形として〈高く〉〈遠くに〉という課題を実施することができます。例えば，陸上競技の走形態の獲得のための練習段階において，高くとぶスキップや大股で速く進むスキップなどが紹介されています。〈大股で速く〉という課題は，以下に〈遠くに〉という言葉に置き換えておきます。〈高く〉〈遠くに〉という課題を実施できる可能性は，単なる足跡だけを考えれば〈右・右・左・左・・〉と続くから，単純に〈右・右〉と〈右・左〉というように〈・〉のあるところは，〈高く〉とか〈遠く〉へ跳べる可能性が考えられます。私たちがこの課題を実施するときは，〈右・右〉という同じ足で跳ぶ際に，〈高く〉あるいは〈遠く〉にという課題を実施します。しかし足が交替する〈右・左〉の局面でも，〈高く〉とか〈遠く〉という課題を実施できる可能性はあるのですが，実際に〈右・左〉の足の交替局面でその課題を実施しようとすると，途端にスキップというリズムが壊れてしまいます。言葉で表せば，スキップは〈トン・ト・トン・ト・・〉と続きます。通常の同じ足で跳ぶ局面を〈高く〉とか〈遠く〉へという場合は〈トーン・ト・トーン・ト・・〉となりスキップの動感メロディーは壊れません。逆に足の交替局面で同じ課題を行おうとすると〈トン・トーン・トン・トーン・・〉というリズムになり，一気にスキップという動感メロディーは消滅してしまいます。観察者も足の交替局面で〈跳ぶ〉課題を実施した〈動きかた〉では，〈スキップ〉という印象はまったく消え去り，「それはけんけんの足の交替である」ということになります。すなわち〈トン〉は〈トーン〉と変化することはあっても，〈ト〉というリズムは，スキップの成立に必然なのです。この時点では，〈ト〉から〈トン〉の「足の交替局面は両足接地でなければならない」ことが

46 金子明友（2018）：前掲書　223頁

再確認されますから，最初の結論は間違えではないと考えることになります。

　しかし〈ト〉から〈トン〉という局面でより〈遠く〉に移動しようとする課題を実施し，その動きかたの映像に精密分析を施すと空中局面が出現してきます。精密分析を加速させ微分をすれば，さらにその確証は揺るぎないものとなります。しかしこの場合，空中局面が出現していても，本人は「スキップを行っている」と動感システムでとらえています。観察者の動感志向性においても「スキップを行っている」と捉えています。この現実は，空中局面の出現の有無でこの二つの運動課題を規定できないことを意味します。しかし科学的思考に慣らされているわれわれは「特殊な場合を除いて普通は」と，これを例外として外したくなるほど，主観から出発した仮説は自然科学の力に惑わされていきます。挙句の果ては，「本当は，両足接地があるのがスキップであり，それ以外はスキップではない」と，私たちの〈絶対主観性〉を蝕んでいくのでしょうか。同様の問題が東京オリンピックを目前に控えている，競歩競技においても指摘されることになります。

§17. 競歩の判定を巡る問題性

　競歩では「両足接地がないと失格」と一般的に理解します。しかし，スロー再生で映像を確認すると，足の交替局面でほぼ全員に空中局面が認められます。そこでは審判員の目の前で，両足接地をしないで移動する選手を失格と認めない不思議な情況が確認できることになります。いまや各家庭でテレビ映像を手軽にビデオ録画できるほど普及していますが，視聴者が録画映像をスロー再生すればこのことは容易に確認できます。

　競歩のルールでは，競技者のいずれかの足は地面についた状態でなければならず，「両足が同時にグラウンドから離れる［ロス・オブ・コンタクト］」[47]ことと，「前脚が接地の瞬間から垂直の位置になるまでの間に膝が伸びていない状態があるとき，〈ベント・ニー〉の反則となる」という規則があり，違反をすると注意を受けさらには失格となります。その動画に精密分析を施すほど両足接地という規則は誰も守っていない現実が明るみに出てきます。「その判定は視覚による観察に基づいて行う」[48]と目視で判定するとルールで

47　陸上競技連盟編 (2018)：『陸上競技ルールブック 2018 版』ベースボールマガジン社　327 頁
48　陸上競技連盟編 (2018)：同上書　327 頁

決められているようですが，それはビデオ判定による規則違反の現実を説明することにはなりません。

　東京オリンピックを目前に控え，例えば視聴者から〈両足接地〉違反の指摘があれば，どう対応するのでしょうか。その指摘から逃れるために，客観性を保とうと機械による精密な判定を導入しようとすれば，まさにこの現実を明るみに出すことになります。そうなれば〈全員失格〉という前代未聞の判定が下される危機すら想定されます。「両足が同時にグラウンドから離れる」ことは，両足を揃えてジャンプでもしない限り起こりえないので，歩行動作における言葉の意味は「両足がグラウンドに接地している局面がない」という意味と解釈して論を進めることにします。

　現在の競歩競技の規則を守ろうと，「足の交替局面での空中局面の有無」にとらわれ，それを精密に判定しようと思えば，ビデオ判定を導入することが望ましいという声があがるのも当然だと思います。審判員の前を歩くときだけビデオ判定を取り入れても，客観性・公平性に欠けるから，視聴者からの余計な指摘を避けるため，「テレビ放映では足元を映さない」と意図的な操作を行えば，さらに疑いの目は濃くなります。競歩競技の判定のあり方に「両足がグラウンドに接していない」という外部視点からの図形変化だけにとらわれれば，今までとは様子の違う歩行形態が求められることになるでしょう。以前とは異なる新たな競歩の歩行形態が認められれば，過去の世界記録との比較はできませんから，新たな競歩競技として再出発するのでしょうか。

　競歩競技では，審判員が自らの動感経験を投射して観察するから「分かる人には分かるし，分からない人には分からない」という専門的な判定が行われているのが現実です。だから，空中局面が出現している選手でも，警告を与える場合もあるし与えない場合もあるのです。それはどのような視点から判定をしているのでしょうか。素人は，競歩という〈歩〉という言葉に翻弄され，「速く〈歩く〉競技」という認識をもっていますが，そのことによって〈歩〉と〈走〉の一般的な区別として，〈空中局面の有無〉によって〈競歩〉の歩きかたを捉えることに問題が指摘されることになります。

　私たちが競歩の歩きかたの真似をするとき，腰を横に突き出すような動きを特徴として捉えます。それはもはや通常の歩行動作とはまったく違う独自の動きかたです。日常的な歩行動作とは異なる競歩独自の，つまり速く歩く

という課題の解決に向けて生み出された競歩形態は，通常の歩行とは別の動きかたという認識を持つ必要があるのではないでしょうか。しかし，膝を曲げればその脚力で空中局面が出現し，走形態となってしまうから，膝を曲げることを制限する〈ベント・ニー〉という規則で縛っても，さらに空中局面が出現してしまうのはなぜなのでしょうか。

§18.〈弾力化〉事態分析による空中局面の出現

　この〈事態〉という言葉は，日常的に使われる「事柄の成り行き」という意味ではなく，フッサールは「この〈事態〉を述定判断の相関概念として捉え，その意味内実を，その判断に志向性として捉えられる対象を〈事態〉と呼ぶ」[49]と規定しています。動感志向性として捉えられる〈事態〉は，外部視点の図形変化と直接因果を結ぶことはできないのです。例えば，運動経過のある局面を捉えて，外部視点から「この図形的変化の局面が〈先読み〉である」ということはできないのです。というのも，それはキネステーゼ感覚による〈反省〉のなかでしか捉えられない〈志向性〉の問題圏だからです[50]。「事態とは，キネステーゼ的に機能する身体性の〈内在経験〉として，その遂行自我に原的に，いわばその身にありありと直に〈直観化〉される〈カテゴリー対象〉なのです。それは理念的に判断される対象一般であり，〈悟性対象性〉とも呼ばれる述語形式をもつ論理学的判断対象」です[51]。

　すでに運動学では〈事態分析〉の身体知カテゴリーの法則体系が構築されていますが[52]，その中の〈弾力化〉というカテゴリーからこの〈スキップ〉と〈けんけん〉の違い，さらには空中局面を伴うスキップの実存，競歩の空中局面の出現を開示していくことにします。さらに，この弾力化のカテゴリー分析は，〈先読み〉〈局面化〉〈リズム化〉など多くのカテゴリーと密接な関わりを持っていることに注意が必要です。

　弾力化カテゴリーは〈受け止め作用〉〈跳ね返し作用〉〈はずみ反動作用〉と三つの弾力化志向対象が特徴的に顕在化されています[53]。体操競技の着地は，この〈受け止め作用〉という〈弾力化〉が志向対象として取りあげられ

---

49 金子明友（2018）：前掲書　237頁
50 金子明友（2018）：同上書　239頁
51 金子明友（2018）：同上書　238頁
52 金子明友（2009）：『スポーツ運動学』明和出版　197頁
53 金子明友（2018）：同上書　290頁

ます。身体に衝撃が来るような硬い着地は，この〈受け止め作用〉を機能させる〈先読み〉の問題と絡みながら，私たちは〈まぐれ〉の着地と判断することもあります。また生理学的身体の未熟や衰えによって，この〈受け止め作用〉の様相は変動し，幼児や老人の着地は弾力化に陰りが見えることもあります。

　〈跳ね返し作用〉は，足でジャンプをする際に，地面を蹴るような動きかたを顕在化しますが，足に限らず体操競技では腕で同じような〈跳ね返し作用〉が求められることもあります。一方，〈はずみ反動作用〉は〈受け止め作用〉と〈跳ね返し作用〉が上手く融合しながら機能する作用で，〈受け止め作用〉から〈跳ね返し作用〉への淀みない交替は，私たちは「弾むようなリズム」として感じられることになります。当然そこには〈先読み能力〉や〈定位感〉の能力性が求められ，その現象は〈リズム化〉というカテゴリーにおいてさらに顕在化してくることになるのです。このように多くのカテゴリーと絡み合う〈事態分析〉ですが，この〈弾力化〉というカテゴリーから，〈スキップ〉と〈けんけん〉，あるいは競歩の空中局面の出現という現実に〈静態分析〉を施してみることにします。

§19.〈スキップ〉と〈けんけん〉の弾力化事態分析

　まず〈歩く〉という志向対象の判断を，弾力化カテゴリーにおいて厳密に述定化してみます。普段ゆっくりと歩いている時は，その動感感覚はその場での〈足踏み〉と似た〈受け止め作用・受け止め作用・・〉という動感システムが自我にもたらされます。少し速度を上げて歩くと，その〈受け止め作用〉のあとに若干の〈跳ね返し作用〉が捉えられます。大股で歩くと，さらにはっきりと前足が着地をして体重を移す際に，支持脚の〈跳ね返し作用〉が捉えられることになります。自分の歩幅を超えるような大股歩きを行おうとすれば，さらに支持脚の〈跳ね返し作用〉が顕在化してきます。自分の歩幅を超えたところに着地をする課題の実現において両足接地は不可能ですから，空中局面の出現は必然となります。しかし大股でより遠くに足を着こうとして歩く時，たとい空中局面が出現しても，その動感感覚は〈歩く〉という類化形態から逸脱はしていません。

　一方，〈走る〉という〈動きかた〉を〈事態分析〉すれば，そこには〈は

ずみ反動作用〉が顕在化してきます。足が着地をする〈受け止め作用〉からの〈跳ね返し作用〉は、〈先読み〉に融合し〈はずみ反動作用〉へと変容し、〈はずみ反動作用・はずみ反動作用・・・〉という動感意識流が顕在化してきます。

　外部視点からも、この足の交替局面には空中局面が認められることになりますが、それは生理学的身体の未熟や衰えなどさまざまな身体条件によって、さまざまな様相を呈します。お年寄りの〈スローランニング〉は〈はずみ反動作用〉が動感として捉えられてはいるものの、生理学的身体の衰えから空中局面が出現しないこともあります。穏やかな〈はずみ反動作用〉が機能している動感意識流は、若者の〈走形態〉とは異なって見えますが、〈走〉の類化形態として捉えられることになります。私たちでも急な上り坂を走るとき、〈はずみ反動作用〉が機能し〈走る〉という動感が捉えられても、急勾配では空中局面が出現しない場合もあります。一方、幼児が初めて「走ることができた」ときは、まだ先読み能力が不足しており、ゴツゴツした走りをします。〈はずみ反動作用〉の〈先読み〉が弱く、地面からの衝撃を体で吸収するような走りかたをしますが、「わが子が走った」と喜ぶ母親は、この〈事態〉が分析できるのです。

　腕を曲げるという動作は、通常自分で腕を曲げているという〈動く感じ〉で捉えられますが、腕が外力で伸ばされることに抵抗している時は、腕を曲げても肘の角度は変わりません。このように私たちの身体は物質的な側面も持ち合わせながら、その動感感覚が構成されているから、単に外部視点からの図形変化と単純に因果を結べないのです。

　その場での足踏みや、その場での駆け足を、移動を伴わない〈歩〉や〈走〉の類化形態として私たちは捉えるのはなぜでしょう。なるべく小さな動きでその場での駆け足を行おうとすれば、最後には足は地面から離れず空中局面が出現しなくなります。しかしそれでも〈走〉の類化形態として動感感覚で捉えられています。〈歩〉と〈走〉の動感感覚での区別は、最後には、〈受け止め作用〉を繰り返す〈動く感じ〉と、〈はずみ反動作用〉を繰り返す〈動く感じ〉の動感メロディーに収斂されることになります。

　〈スキップ〉と〈けんけん〉の違いは、この〈受け止め作用〉と〈はずみ反動作用〉の〈弾力化事態分析〉によって開示できることになるのです。〈スキップ〉という〈動感形態〉は、〈ト〉という言葉の〈受け止め作用〉から

前に移動し，反対足で〈トン〉という〈はずみ反動作用〉という〈動感システム〉[54] によって構成されるのです。その場でのスキップは，〈受け止め作用〉から次の足の交替では，支持脚の〈跳ね返し作用〉は認められません。足踏みから歩行動作に移る時と同様，スキップで前に進もうとすると，歩幅の大きさに合わせて〈受け止め作用〉から，〈跳ね返し作用〉が顕在化してきます。〈遠くに〉というスキップの課題は，自分の歩幅を広げ前への移動が強く求められます。そこでは大股で歩くように〈受け止め作用〉から，前への移動の最後に支持脚の〈跳ね返し作用〉がはっきりと捉えられることになります。リズムを言葉で表した〈ト〉という局面は〈受け止め作用〉を意味し，その後，前への移動が伴えば〈跳ね返し作用が〉必然となってきます。前への移動がないその場スキップでは，〈跳ね返し作用〉は，足の交替の際の〈足の踏み替え〉という動感感覚質へと変容します。

　〈けんけん〉という〈動感形態〉は，〈トン〉という〈はずみ反動作用〉の連続によって構成されます。〈受け止め作用〉に向かう〈先読み〉は，着地足の〈跳ね返し作用〉を融合させ，〈はずみ反動作用〉へと変容することになります。それは，言葉で表せば〈トン〉というリズムとなります。〈スキップ〉や〈けんけん〉の足の交替における，動きつつある私の身体経験は，〈トン〉という〈動く感じ〉，さらに〈ト〉という〈動く感じ〉が過去把持され，〈相互覚起〉という〈連合〉の規則に基づき〈交差志向性〉へと沈み込んでいきます。その〈動く感じ〉は〈リズム化〉され，さらに〈動感メロディー〉として〈今・ここ〉で，わが身にありありと感じ取られることになるのです。それが自我意識で捉えられるから，〈スキップ〉は〈トン・ト・トン・・・〉とリズムを言葉にするし，〈けんけん〉は〈トン・トン・トン・・・〉というのです。

　園児に「ゆっくりスキップをやろう」と，ゆっくりスキップをさせると，中には「これはスキップではない」という子どもがいます。他の園児はスキップと捉えられるのに，なぜこの子は「スキップではない」といったのでしょうか。それは，〈動く感じ〉の動感経験は流れて過去把持されていきますが，それが〈交差志向性〉へと沈み込んでも，そこで〈リズム化〉から〈メロディー化〉に成功しないのです。大人でもゆっくりと曲を弾かれると，そ

54　金子明友（2015）：『運動感覚の深層』明和出版　70 頁

のメロディーが捉えられず，何の曲か分からなくなることがあります。ここに〈原発生〉の〈時間流〉の〈能力性〉の問題が顕在化してくるのです。つまり，流れ去るものを掴まえつつ，来たるべき未来を取り込もうとする動感志向性の〈不充実〉なのです。このような，幼児の運動経験は極めて重要なのですが，例えば〈リズム化〉による〈動感メロディー〉の構成化の〈不充実〉が見られる幼児期には，どのような運動を行わせるべきなのでしょうか。幼児期の運動習得の意味は，物質的身体の体力的な側面からしか語られていないところに，幼児運動学の立ち遅れが指摘されることになります。

§20. 受動綜合化される動感システム

　こうして弾力化カテゴリーの〈受け止め作用〉〈跳ね返し作用〉〈はずみ反動作用〉を組み合わせる〈スキップ〉という志向対象の判断を述定化したことになります。しかし，空中局面が出現しているにもかかわらず〈スキップ〉という意識はどうして自我にもたらされるのでしょうか。われわれが「スキップをした」という意識は，能動志向性における自我意識であり，受動綜合においてメロディー化された動感意識が自我を〈触発〉し，そこに自我が〈対向〉することによってもたらされます。〈受け止め作用〉次に〈跳ね返し作用〉の動感が過去把持され，さらに足の交替においては，踏み込み足の〈先読み〉が機能し〈はずみ反動作用〉という動感が過去把持されていきます。それがメロディー化され〈トン・ト・トン・ト・・〉という動感メロディーとなっていきます。その場でのスキップも前への移動を伴うスキップでも，その動感メロディーを文字に表せば同じですから，動感感覚では前への移動がスキップの必然とはいえません。それは〈けんけんの足の交替〉も同じことです。
　この〈弾力化〉という事態カテゴリーは，〈先読み〉と強く絡み合うことになります。例えば〈受け止め作用〉という事態は，〈先読み〉が機能しないとうまくいきません。例えば，友達と話をしながら階段を降りている時，階段が終わったにもかかわらず，もう一段あると思って足を出せば〈膝が抜ける〉ことがあります。それは〈受け止め作用〉を機能させる〈先読み〉がうまく機能していないからです。〈先読み〉という〈カン〉と〈受け止め作用〉という〈コツ〉は，一元化され〈同時変換〉される〈動感システム〉なのです。
　この〈先読み〉という〈カン〉は受動総合化され背景に沈んでいますから，

〈受け止め作用〉〈跳ね返し作用〉〈はずみ反動作用〉という〈コツ〉が，能動的に自我意識で捉えられることになります。ところが，より遠く足を着くスキップという課題をさらに意識的に捉えようとすれば，つまり前に着く足をより遠くに着きながら〈はずみ反動作用〉を機能させようとすると，〈受け止め作用〉〈跳ね返し作用〉の背景に隠れていた〈先読み〉がより〈充実〉してきます。するとこの二つの局面が融合し〈はずみ反動作用〉へと変容してきます。このことは，縄跳びを跳びながらスキップをするという課題を実施する時にも現れます。

　一般的に縄跳びをとびながらスキップをするという課題を実施する時には，踏み替えた足の〈はずみ反動作用〉から同じ足の〈受け止め作用〉の局面で縄が足元を通ります。しかし，〈受け止め作用〉から足の交替局面で縄を跨ぎ越そうとすると，縄跳びを跳びながら走るという課題と似た，〈受け止め作用〉と〈跳ね返し作用〉の〈先読み〉が〈充実〉し〈はずみ反動作用〉に変容していきます。

　〈高く跳ぶスキップ〉〈遠くに足を着くスキップ〉は，足の交替局面の〈先読み〉を〈充実〉させることになります。踏み込み足の〈はずみ反動作用〉を〈先読み〉とともに充実させ，〈トン〉というリズムは〈トーン〉に変容します。しかし，自分の歩幅以上に遠くに足を着く場合は，その課題を実施するために受け止め足の〈ト〉という動感質に，足の交替局面に向けての〈跳ね返し作用〉の〈先読み〉が絡みついてきます。遠くに足を着くスキップをするという課題の際に，〈ト〉という局面の「〈跳ね返し足〉をもっと強く蹴る」というような指示を繰り返し，〈先読み〉を能動地平へと引き出そうとすると，受け止め作用の〈ト〉という動感は〈トン〉という〈はずみ反動作用〉へと変容していきます。しかしそれがまだ〈受容の層位〉にあるときは「何かぎこちない」という程度の動感感覚ですが，その局面に強く能動的に志向すれば，〈ト〉は〈トン〉という動感として自我にもたらされますから，「スキップではない」ということになります。志向性は同時に二つのことを志向できないから[55]，その反転化を間違えば，途端に動感メロディーが消滅することになるのです。空中局面が出現しているにもかかわらず〈スキップ〉と捉えたり〈けんけん〉の足の交替と捉えるのは，この動感システムの自我意識の

55 山口一郎（2012）：前掲書　168頁

違いなのです。指導者が運動を教える時には，この動感システムを捉え学習者の形成位相までも捉えておく必要が求められるのはこの意味です。

　競歩形態では着地の〈受け止め作用〉の際に，走形態に現れる膝の曲げ伸ばしによる弾力化を制限するため，「膝を曲げない［ベント・ニー］」というルールが定められています。それは着地の際に膝による〈はずみ反動作用〉を使う〈走形態〉を規制するものと考えられます。しかし競歩競技で空中局面が出現していない選手を探すことの方が困難を極めるのは，支持脚の股関節を横に突き出す動きは，着地の衝撃を緩衝しながら，腕の振りによる腰の回転の〈伝動化〉と相まって，次の足が接地するまでの空中局面を引き起こすからです。つまり，より速く前に進むための競歩競技における〈歩行形態〉は独自の技術が内包されているのです。膝を曲げて蹴る動作を制限しても，股関節の反動作用が〈跳ね返し作用〉を生み出し，より速く前に進もうとすれば〈空中局面〉の出現は必然となります。審判員はそこではスキップの事態分析と同様に〈先読み〉がどのように絡むかによって，空中局面の出現の有無を判定していると考えられますが，この静態分析は今後さらに専門領域での競技論で研究されるべきでしょう。

［Ｖ］　スポーツ運動学の課題とその展望

§21.　指導者に求められる代行分析

　〈自己運動〉として自ら動いているわれわれは，能動的・受動的な動感システムにおいて動感形態を構成します。それを知悉している指導者は「一言で，あのわざを狂わせることができる」といいます。練習仲間の指摘でも，「できていた運動が急にできなくなる」という現実があります。練習仲間の指摘で混乱するならまだしも，指導者が学習者の動感意識を混乱させるのでは，その専門能力に疑いの目を向けざるを得ません。能動志向性の層位に動感感覚を引き出すのは，相手の形成位相のレベルに合わせその〈動感システム〉を捉えていなければなりません。例えば，実践指導場面では，能動的志向性である局面の〈動きかた〉に強く志向させず，自らの動きかたに気づかせたいときがあります。その時「やる前は考えなくてよいから，後で気づいてごらん」と〈受容の層位〉を顕在化させてみます。それでもその動きかた

に気づけない場合は，〈時間化〉の〈不充実〉が認められることになり，〈借問〉によって，その動感世界の深層へと向かうことになります。動き終わった〈想起志向〉における自覚として「終わってから気づく」こともできないレベルの選手に，特定の動感システム局面に能動志向性をもたせることは，わざを狂わせるどころか，〈破局的消滅〉を起こす可能性もあるから注意が必要なのです。一方，観察者においても，通常では〈速いスキップ〉と捉えていたはずが，スロー再生などで詳しく観察し〈空中局面〉が確認されると，〈スキップ〉ではないという動感意識が生じることがあります。足の交替の空中局面の出現に注目し，〈跳ね返し作用〉が〈先読み〉された〈はずみ反動作用〉として能動的に捉えられると，観察者自身の自我身体に〈けんけんの足の交替〉という動感メロディーが構成されていきます。すると「最初は〈スキップ〉だと思っていたが，スロー再生でよく見たら〈けんけんの足の交替〉だ」ということになっていきます。自らの動感メロディーが変わったことに気づかず，「本当はどちらなのか」ということに頭を悩ませることもあります。

　指導実践場面では，このような受動的に捉えられていた動感感覚に能動的に志向することで，わざが狂ったり，できなくなったりすることがあります。一度気づいてしまった動感感覚を，以前のように気づかない自分に戻すことはできるのでしょうか。それは，判じ絵で見えなかった絵が見えたあと，以前の見えなかった自分に戻れないことと似ています。時間が経てば「昔見えていたが」といって，再び判じ絵を興味深く見ることはありますが，指導実践場面ではよけいな動感感覚に気づいてしまい運動ができなくなった選手がしばらく練習を中断しても元に戻れないことがあります。「気づいたことを忘れることができる」ということが意識的に可能であれば，どれほど私たちの運動習得過程の躓きは軽減されることでしょう。しかしこの問題は，まさに現象学の力を借りないと解決の道は拓けてこないほどの難問なのです。

　他人の一言で，できていた運動ができなくなることがあるので，専門能力として，指導者には〈代行能力〉が求められることになります。それは，極めて高度な指導者の能力性として位置づけられますが，そこでは観察対象になっている相手の自己運動を開示するために，〈借問〉を繰り返すことになります。こうして，他者の動感世界をわが身の動感経験とすり合わせながら，指導者自ら〈超越論的分析〉を施すことになります。しかし残念ながらこの

能力の養成は，まだ体育指導者養成機関でカリキュラムとして取り上げるほ
ど研究が進んでいません。

　この〈代行能力〉は，パラージの潜勢運動，ボイテンデイクの生命的想像
力など，われわれの運動習得の未来予持地平から，相手の動感世界を捉え
る促発能力としての志向性である〈潜勢自己運動〉としてすでに開示され
ています[56]。その論考の動機は「ベテランの指導者は，生徒の運動経過を見
るときに，同時に運動想像力を働かせて，生徒の感覚のなかに入り込んで指
導の実を挙げることはよく知られている」[57] という現実に根付きます。その
動感志向性を厳密に開示し，「観察対象の運動経過の中に，あたかも自分が
同様の運動感覚的実施意識をもって入り込んだとしても，まだぼんやりとし
た運動印象であったり，あるいは経過の中の部分的な共感しか起こらないの
が一般である。ほんとうに実践的意義をもつ運動共感は，運動像を〈対象
（*Gegenstand*）〉として，向こう側に見て共感するのではない。運動想像力によ
って，自らその運動を実施するところに，初めて全的な意味での運動共感が
成立する。つまり，観察対象になっている運動経過を改めて観察者自身の自
己運動として，〈潜勢的（*virtuell*）〉にやってみて，それを観察するのでなけれ
ばならない。いわば，観察者による〈潜勢自己運動 (*virtuelle Selbstbewegung*)〉と
して，観察する運動をイマージュの中で遂行しながら，それを自己観察す
る」[58] というものです。

　相手の運動を観察しながらその志向性は潜勢的に相手の動感世界を捉え，
そこに自らの動感経験が共振すると運動共感が生じることになります。スポ
ーツ運動学が現象学に基礎づけを持つのは「感覚の本質は共感にある」とい
うことに他なりません[59]。しかしその程度の共感は，自分の動感経験を触発
する契機に留まります。実践的意義を持つ指導者の運動共感とは，まさに相
手に〈借問〉をしながら指導者自らが構成した動感感覚にエポケーをかけ〈超
越論的反省分析〉[60] を施していくものなのです。指導者の現勢的能力で成功
しても，あるいは過去にできた記憶を思い出して，それは生徒の位相の模倣

56 金子明友（1987）：“運動観察のモルフォロギー”筑波大学体育科学系紀要　第10巻　123頁
57 金子明友（1987）：同上書　123頁
58 金子明友（1987）：同上書　123頁
59 野中郁次郎 / 山口一郎 (2019)：『直観の経営』KADOKAWA 167頁
60 金子明友（2018）：前掲書　124頁

化形態から外れてしまい，〈コツの押し売り〉となります。生徒の動きかたの形成位相に身体移入し，そのレベルで共動感化し，その動きかたの欠点を消していく営みが〈潜勢自己運動〉です[61]。だから，自ら動こうとする動感を〈構成化〉したり，イメージを介して一連の動作を遂行するメンタルプラクティスは，〈潜勢自己運動〉ではないのです[62]。代行化形態を最終的に学習者の形成位相に即して学習者の適合化形態が潜勢的に構成化されるために，〈潜勢自己運動〉という特殊な動感化能力が実践指導者に求められる不可欠な代行化能力なのです[63]。

§ 22. VTR 判定における客観性

　東京オリンピックに向けて各種のスポーツ競技に，ビデオ判定の波が押し寄せている昨今です。その理由は，審判員という人間が判断するのは極めて主観的で曖昧だから，その「透明性を担保するためにビデオ映像で判定をする」というのです。球技では，ボールがコートのラインを越えたかどうかという〈イン〉〈アウト〉の判定は，「ラインにボールが接触したかどうか」という物理的な結果で判断されます。誰がどのような動きでボールを打とうが，打ち出されたボールは単なる物体の運動ですから，ボールを打つ動きの違いが，〈イン〉〈アウト〉の判定を左右することはありません。サッカーで，偶然にボールが自分に当たってゴールしても，偶然だから得点ではないということはありません。このようなボールがラインを越えたかどうかということに判定の精度を求めれば，人間の視覚で捉える能力を超えたビデオ映像での判定が求められるのは当然なのです。

　そのビデオ判定を使うかどうかの「チャレンジ」回数はルールで定められていて，選手が審判の判定を不服としたときに用いることができるようです。誰が見ても明らかに〈イン〉〈アウト〉の判定ができる情況で，ビデオ判定に頼るのは競技の進行を遅らせることになります。それだけの意味で審判員の必要性を説いても，分析機器が進化しそれを瞬時に判定できるようになれば，審判員は必要なくなることは想像に難くありません。審判員の胸先三寸で，得点で勝敗を左右するボールゲームの〈イン〉〈アウト〉の判定が決め

61　金子明友（2009）：前掲書　332 頁
62　朝岡正雄（2019）：『指導者のためのスポーツ運動学』大修館書店　59~155 頁
63　金子明友（2009）：前掲書　326 頁

られると考えれば，誰でも猜疑心に襲われることになります。多額の賞金の
かかっているプロの試合ともなれば，ビデオ判定システムの導入を否定する
ことは難しいことです。ボールとラインの接触が〈イン〉〈アウト〉を決定
するという物理的現象として規定しているルールでは，このビデオ判定によ
り正確な判断が行われることは間違いありません。

　一方で，〈故意〉か〈偶然〉という議論には，その情況というものが絡ん
でくるからビデオ判定は問題が山積みとなります。受動世界で構成される身
体能力の営みと，自我が関わる能動世界との絡みあいは複雑で，人を叩いた
あと「手が勝手に叩いた」といってすむはずもありません。ところが，何気
なく手を振り人に当たってしまったとき「すみません」という一言でその場
はことなきを得ます。それは，〈故意〉か〈偶然〉かが問われているのです
が，私たち人間はそれを判断できるから日常生活のトラブルが軽減されるの
です。それは単に「手が相手に接触した」という切り取られた現象だけで
なく，その背景としての〈情況〉と絡んで判断されることになります。この
〈情況〉という背景をすべて消し去ってしまえば，〈故意〉か〈偶然〉かの〈意
味構造〉は，「推測することはできても，見ることはできない」のです[64]。話
題になったアメリカンフットボールの選手が行ったタックルは，誰が見ても
無防備の選手にタックルが行われたと推測できます。その推測は，「試合中
である」「ゲームの流れとは異なる場所でのタックル」など多くの情況に支
えられています。仮に，そのタックルの映像の背景を全て消し去ってしまえ
ば，単なる「悪ふざけの映像」という推測も成り立つことになります。つま
り，〈故意〉か〈偶然〉という判断は，切り取られた映像の図形的変化で説
明できないのです。ここに機械におけるビデオ判定をめぐる基本的な問題が
浮き彫りになります。人間には判断できて，機械では判定できないことがあ
るということを，改めて確認する必要があるのです。

　例えば，サッカーのハンドの判定は，簡単に言えば「ボールに手が触れた
かどうか」という現象です。しかしそこに故意の反則が認められれば，警告
や退場というペナルティーが与えられます。ボールと手の物理的な接触とい
う事実に，故意かどうかを決定づけるのは人間の主観的な判断だけなのです。
例えば，サッカーでは「ビデオ・アシスタント・レフリー（VAR）」を導入して，

---

[64] 金子明友（2005）②：『身体知の形成（下）』明和出版　26頁

オペレーターが審判員の判定に疑問をもったとき，審判員にその情報を提供することができます。しかし情況を切り取った VAR の判断は，生き生きした現場の情況での判断と異なるから最終判断は主審の〈主観〉に任せることになります。どんなに精度の高い映像処理を行っても，故意か偶然かは人間が判断するしかないのです。

　シドニーオリンピックで，世紀の大誤審といわれた柔道の篠原選手の〈内股すかし〉の問題は，テレビ放映され視聴者も確認できました。しかし，素人が「内股を決めた選手」「内股すかしを決めた選手」という関係を見抜くことは難しいのです。「内股を決めた」と思えば，「内股すかし」というわざは消えてしまい，「内股すかしを決めた」と思えば「内股」というわざは消えてしまいます。まるで判じ絵の「老婆と若い女性」見ているようです。大相撲では〈物言い〉がつき，ビデオ判定の結果が視聴者にも公開されます。その映像がスローモーションで再生され，あたかもその判定は客観的であるかのように後から理由付けされます。そこでは力士同士のせめぎ合いの流れは消され，〈送り足〉や〈死に体〉などを判断する情況も消え去ってしまいます。スロー映像では，どちらの体が先に土がついたかだけが関心となってしまいます。力士のせめぎ合いに身も心も投じて見ていたはずなのですが，スロー映像を見ている自分の関心は，時間を空間化した映像による「どちらが先に土がついたか」という無機質な現象だけなのです。それは人間を物質化しているから，紙相撲でどちらが先に倒れたかをビデオ映像で確認していることと同じことなのです。

§23. 評定競技の採点客観化

　素人でも分かるように，客観性・透明性を担保しようとする競技スポーツの風潮は，ついには人間が採点する〈評定競技〉を〈測定競技〉へと向かわせ，その競技の本質を揺るがすことになります。ロンドンオリンピックで内村選手が鞍馬の終末技を失敗した際，審判員は終末技がないという判定を下しました。しかし，それを不服とした日本が抗議し，審判団がビデオ映像で確認した結果終末技が認められ得点が変更されたのです。そのことにより日本の順位が，4位から2位へと上がったのですが，後で得点を修正したことは，審判員の主観で判断することには間違いがあることを公表したことにな

ります。〈わざの成立〉をどう捉えるかという本質的な問題は，本来物理時空系の図形変化で捉えられるほど単純なものではありません。しかし評定競技の本質を理解しないまま，素人にその説明をしようとすると，苦肉の策で物理時空系の運動の図形変化として客観的に〈わざの成立〉を説明することになります。こうして後から裏付けされただけの客観的な説明が，物理時空系の〈図形変化〉と〈わざの成立〉との因果関係という曲解を生み出すことになります。〈透明性〉という言葉に翻弄され，採点規則も倒立姿勢の減点項目を角度で説明したり，細かく客観的な減点項目が呈示され，誰でも分かる規則へと改訂が行われました。評定競技の曖昧さの指摘に答えられず，姿勢の角度などを客観的な数字に置き換えたところから，「客観的な減点項目を主観的に判断するから問題がある」という結論に導かれ，そこに〈科学の目〉が侵入してくることになったのです。

　現在の体操競技では，難度点（Ｄスコア）と実施減点（Ｅスコア）の合計得点で順位を決める分割採点制度を採用しています。このことにより体操競技独特の美しさなどは，従来のように審判員がＥスコアを採点すれば良く，わざの成立に関しては〈科学の目〉が正確であるという結論に導かれることになります。導入が検討されている器機は，わざの難度の成立をコンピューター解析に委ね，選手が行ったわざを瞬時に三次元化しコンピューターグラフィックスによって分析するようです。映像化されたデータの測定ポイントを直線で結べば角度などが計算できますから，計算された角度が採点規則で規定するわざの成立角度と照合され，わざの難度の成立が機械的にできると考えることになります。それはさらに加速し，〈ICT（*Information and Communication Technology*）〉による採点支援と称し３Ｄセンシング技術が導入されるようです。そこでは国際体操連盟と共同で審判支援システムを進めるとともに，デジタル判定のルールづくりを進めていくようです[65]。このデジタル判定を取り入れようとすれば，例えば上水平支持において「腰がわずかに曲がる」「腰が明らかに曲がる」という従来の表記が曖昧と指摘されます。新たな提案は，骨格モデルを作成し計測点を直線で結び，「器具との間の角度が170度未満であれば減点なし」という方向です[66]。

65　藤原英則・伊藤健一 (2018)：“ICT による体操競技の採点支援と３Ｄセンシング技術の目指す世界”FUJITSU 69.2. 73 頁
66　藤原英則・伊藤健一 (2018)：同上書　73 頁

しかし，倒立の姿勢角度を規定しても，身体が反った倒立や曲がった倒立などその実施はさまざまであり，一本の線で結べるほど単純ではありません。ゆか運動の宙返りのひねり技は，そのひねりの回数で技の難度が異なりますが，そのひねりの回数も，三次元分析によって計算できると考えるようです。人間が実際にひねり技を実施するときは，身体のねじれが生じますが，どこを基準にひねりの回数を決めるのでしょうか。ひねり宙返りで踏み切る際の足先の向きは，ひねりの〈先取り〉が生じ，真っ直ぐに踏み切ることはありません。上体もひねりの先取りとして，踏み切る際にはすでにひねりが生じています。回数をカウントする起点と終点はどこに定めるのでしょうか。さらに左右軸回転と長体軸回転の運動面を融合させる実施では，ひねりの回数の規定すら怪しくなってきますが，実際に人間が技を実施する際に生じる現象なのです。「審判員から見えない視線の方向を三次元映像によってサポートする」と審判の採点の手助けといっても，そのつど視覚で確認される映像は〈射映原理〉[67] に支配されています。つねに一面しか映像が提供されていませんから，三次元映像と捉えているのは〈審判員の主観〉なのです。

　それでも，審判員の主観的な判断の事例を集めデータベース化すれば，人間の審判員が技の成立を認める平均的な主観的判断が，客観化できると考えるのでしょうか。すでに映像分析機器で客観的に判定できる技の実施を求め，採点規則の改訂を迫る方向に動き出す気配があります。デジタル化するために規則が改定されていけば，今まで〈美しい体線〉を大切にしてきた体操選手の努力は反映されないことになります。骨格モデルには表情はないから，苦痛の表情で力技を披露しても関係ないことになります。体操競技の経験者たちは，それが新しい体操競技として動き出そうとする流れに違和感はないのでしょうか。

§24. 他者主観の判定可能性

　わざの成立を認める難度点（Dスコア）は機械によって判断され，実施減点（Eスコア）も機械によって判断できるように採点規則を改訂し，人間の目で判断していた評定競技は測定競技へと完全に移行することになってしまうのでしょうか。そうなれば演技をする選手も競技を志向する限り，

67 金子明友 (2015)：前掲書　205 頁

科学技術システムの判定基準に合わせ，わざの捌き方を変えざるを得ないことになります。人々を魅了してきた高度な演技の実施は，やがて機械が判定する理想像へと切り替えられ，たとい人々が感動しない滑稽な演技でも，機械が採点する高得点に満足することになってしまいます。

　音楽という芸術の世界で，譜面には速度や強弱を表す記号が付されています。〈f［フォルテ］〉〈強く〉と〈ff［フォルティシモ］〉〈さらに強く〉という差を機械で測定するのでしょうか。騒音の音圧測定と同じように強弱記号を機械化された正しいデータと照合して，名ピアニストが演奏した曲を間違えというのでしょうか。そんなことは到底起こりえないのですが，体操競技で倒立姿勢の角度について，「倒立位と認められる」「倒立位からやや外れる」「倒立位から大きく外れる」など表記している意味が分からず，主観的な判断基準と指摘されます。自然科学者が高額査定される有名画家の作品の良さを客観的に説明することはありませんが，なぜ体操選手の素晴らしい演技が客観的に説明できると考えるのでしょうか。美術品の真贋を見抜く鑑定士の〈芸術的直観〉[68] には誰でも一目置きますが，評定競技の審判員にはつねに疑いの目が向けられます。改めて，評定競技の本質を再確認する時期にきているようです。

　この〈主観〉は人間だけが判断できるから，人間の審判員の必要性が求められることになるのです。芸術としての評定競技である体操競技を知悉している審判員だからこそ，そのわざ捌きを〈主観〉で判断し採点するのです。当然その主観的な判断にも基準が必要だから，採点規則が定められることになります。そこに数字的な表記が現れるたび，中身を問うことなく形式的な数字の判断の正確性が問われるようになります。こうして，客観化された数字で表された事実だけを判断しているという誤解により，分析器機の導入が可能と考えるようになるのです。体操競技が大切にしてきたわざの芸術性としての，〈安定性〉〈冴え〉〈優雅さ〉〈リズム〉〈雄大さ〉〈スピード〉[69] はもはや〈主観的なできごと〉として排除されていくことになります。こうして技を教えるコーチも「減点されなければ同じ」という認識が生まれ，芸術性を生み出そうとする，選手のキネステーゼ身体能力の高さが見抜けなくなっていくのです。

　この本人が動く〈主観〉というのは，外部視点からの運動の図形変化には

68　西田幾多郎／上田閑照編 (2016)：『西田幾多郎　哲学論集Ⅰ』　316 頁
69　金子明友（1994）：『体操競技のコーチング』大修館書店　163 頁以降

現れてきません。〈スキップ〉と〈けんけん〉の足の交替の違いが，空中局面の出現で規定できないことはすでに指摘しておきました。専門的な指導者は，〈事態分析〉によってその違いを見抜くことができます。このことは実際に動いている選手たちはよく知っています。〈まぐれ〉でも結果が出れば同じと考える指導者には，「あのコーチは結果だけしか見てないから楽だ」といいます。一方，〈まぐれ〉の違いを見抜けるコーチには「全て見抜かれているから，手を抜けない」といいます。「リズムが違う」「タイミングが悪い」という指導実践場での指導者の指摘はまさに〈事態分析〉によるものなのです。

　「他人の主観を判断する」という不思議なことは，日常生活ではさらに当たり前のことなのです。〈故意〉か〈偶然〉という日常的な問題を私たちは主観で判断して，ことなきを得ているのです。手を振ったら〈偶然〉人に当たったということが分かるから，「すみません」の一言で許してもらえるのです。この他人の主観を捉える人間の能力こそ，審判員に求められている身体能力なのです。規則を変更し，選手の〈主観〉を判断する必要がなければ，イエローカードやレッドカードは必要ありません。事実は事実として客観的にビデオなどの映像器機で測定すればよいことです。

　母親は初めて自転車に乗れたわが子が，偶然ではないことを見抜けるから，たとい数メートルしか漕げなくても「自転車に乗れた」といいます。「自転車に乗れる」ことは進んだ距離だけで規定できないのですが，熟練レベルは違っても，幼児も大人も同じ「自転車に乗れる」という〈動きかた〉の〈発生〉は〈類同性 (Gleichheit)〉の枠組みで捉えられるのです。誰しもが当たり前にとらえられるこのような〈主観〉とは，いったい何なのでしょうか。共通の主観をもつ私たちの経験を分析し開示しているのが〈間主観的現象学〉なのです。

　経済界を巻き込み多くの利権が絡むようになった各種スポーツ界にも，〈客観化〉のスローガンのもと，大衆を巻き込み競技のあり方にまで立ち入ってきます。各種競技種目の将来に関心のない自然科学の暴走を止めることはそう簡単ではありません。このような問題がつねに後から指摘される背景には，人間にとってそれぞれのスポーツ種目はどのような歴史的な変遷を辿り，どのような運動文化を継承してきたのか，また将来どのような方向へと向かうべきなのかという〈競技論〉の学問的研究が立ち遅れていることを指摘せざ

るを得ません。それはスポーツ運動学を基礎に置く個別的スポーツ運動学の立ち後れを意味しますが，人間が育み歴史的に継承されてきた「運動文化とは何か」を改めて問い直すべき時代に入っているのではないでしょうか。

§25.　身体知を支える感性的経験世界

　日本に運動学が紹介され，素朴な認識の時代を経ながら，ようやくマイネルの遺志を継いだスポーツ運動学へと発展してきました。フッサールの発生的現象学に基礎をおくことで，新たな学問としての確固たる地位が築けるようになったのです。その一方で自然科学的思考は「客観化」を武器に，多くの人々を洗脳していきます。練習中に「今のは良かった」と本人が判断しても，客観的な事実に変化が現れなければ，〈妄想〉とでもいうのでしょうか。こうして私たちの〈絶対主観性〉は，自然科学によって蝕まれていくことになります。

　スポーツの世界に AI（人工知能）が忍び寄り，人間の主観的な判定は機械化できるという風潮はさらに加速を続けています。しかし，そもそも AI というのはどのようにして，われわれのスポーツの判定や採点に入り込もうとしているのでしょうか。人間の目はカメラと同じ構造という認識から，カメラで撮影した画像を分析すれば，人間と同じ判断ができるのでしょうか。人間は目という道具を使うことはあっても，映っているから見えるというものではありません。そこには現象学でいう〈地平志向性〉の問題を抜きに語ることはできないのです。つまり，AI に〈できること〉と〈できないこと〉の区別もつかないまま，人間を越える知能を持つという誤解を解いていかなければならないのです。その上で，AI をどう利用するかという未来の協働関係を構築する必要はあります。人間が作り出した AI が人間の営みを壊そうとする危機は，本来 AI に問題があるのではなく，それを作り出した人間の側に問題があることに気づかないのでしょうか。

　新しい〈動きかた〉を覚えるときには，私たちは何回も繰り返し練習をします。逆上がりを何度も挑戦する子どもが，はじめて逆上がりが上がったとき，「たくさん練習したから上がるようになった」といいます。ところが何度挑戦しても，まだ上がらない逆上がりは〈失敗の連続〉です。だからこの失敗している逆上がりが上がる確率は求められません。サイコロで「7の目の出る確率は」と聞けば，はじめからサイコロには7の目はありませんから

確率を語ることはできません。同じように「覚える対象がまだ出現していない」のですから、「逆上がりが上がる確率」を求めることはできないのです。その子どもの努力に、「一度も上がったことがないのだから、次も上がらない」とでもいうのでしょうか。

　自然科学で考える未来の予測とは、過去の事実の再現を前提としています。悲惨な東日本大震災で大津波が来る確率は、過去のデータを分析して求めることになります。過去と同一のことが未来に起こることでは怪しいから、「この程度のことは予測しておこう」と幅を持たせることになります。それは主観的な判断が加わったことになりますが、過去にない新しいことが起これば、科学者は口をそろえて「想定外」といいます。この科学的には確かに想定外かもしれませんが、そこに人間の主観的判断が加わっていないとはいい切れません。多くの人が被害に遭ってしまったこの現実は、人災でもある可能性が指摘されることになります。とはいっても地球上で起こりえる自然現象の限界を測定して数100メートルの防潮堤を作るわけにもいきません。その意味では自然科学は私たちにとって役には立つのですが、自然現象を人間の都合で支配するのはそう簡単ではないようです。

　失敗の連続から、あるとき突然「上がった」という逆上がりの〈まぐれ〉が出現します。科学的には想定外ですが、日常の経験では普通のことです。「それは学習したからだ」といっても、その学習はどう行われているのでしょうか。まさに失敗する経験の何かが作用して成功に導かれたのだと考えられますが、その身体経験の中身が「どのようにして」成功に導いたかを分析する必要に迫られるのです。というのも同じ経験の蓄積でもすぐにできる子どももいれば、時間のかかる子どももいるからです。それを〈能力〉という蓋でとじてしまうから、いつまでたっても運動嫌いがいなくならないのです。

　「それはどんな〈動く感じ〉か」ということを学問的に開示しようとするのが、〈スポーツ運動学〉です。熟練の指導者はまだできない選手に、「次こうすればできるよ」と〈コツ〉を教えて、その通りにできさせてしまいます。教えるのがうまい指導者は何が分かっているのでしょうか。身体経験を積めばできるといっても、その身体能力の中身が分からなければ無駄な努力となってしまいます。現場の指導者が手に入れたい指導者の身体能力を開示するのがスポーツ運動学ですから、まさに〈実践理論〉と呼ばれるのです。

あとがき

山口一郎

　本書は 2017 年の 12 月，金子明友先生が私に対談の機会を与えてくださったことに端を発しています。対談の冒頭にありますように，金子先生がどのように，難解とされるフッサールやメルロ＝ポンティの現象学に取り組まれるようになったのか，その経緯をお伺いしたく，対談をお願いしたのです。先生の体操競技における身体運動能力の向上を目指す全身全霊をかけた実践的努力と，その努力の現象学の分析による理論的理解とが，いったい，どのように結びつくことになったのか。端的に述べれば，金子先生の体操競技の実践において，理論的学問体系としてのスポーツ運動学と現象学とがどのような役割を果たしているのか，「学問が何の役にたつのか」，言いかえれば，身体運動能力の向上において「実践と理論の関係」はどうあるのかを，直接，先生にお聞きしたかったのです。

　もともと，フッサールによって創設された現象学は，その創設時から，数学，論理学，心理学，精神病理学，社会学，言語学等，諸学問への多大な影響を与えてきたばかりでなく，その意識分析や身体論の展開をとおして人間の身体運動をめぐる芸術活動に理論的裏付けの役割をも果たしてきました。そのような現象学と諸学問との関係をめぐり，直接，身体運動能力の向上にかかわるスポーツ運動学と意識分析からはじまった現象学研究とがどのように結びつくようになったのか，金子先生は，この対談の中で，この結びつきの必然性を雄弁に，また驚くべき説得力をもって語っておられます。

　とりわけ〈わざの狂い〉が克服されうるか，という選手とコーチにとって決定的な重大事に当たって，いったい何が問題であったのか，しかもその理論的説明にフッサールの時間意識の分析が大きな役割を果たしているという金子先生の厳密で徹底した論述は，身体運動の現象学的分析の極致を表現し

ているといえるでしょう。

　その際，徹底した練習と工夫をとおして意識にのぼることなく生成してくる「動感のリズムの統一」と，「意識が何かに向かってしまうこと」による「動感の崩壊」という身体知の形成が，先生ご自身の身体知に留まらず，同一の〈わざの狂い〉に直面した複数の選手のあいだに共有される相互主観的身体知として確実に伝承されたことは重大な意味を持ちます。この身体知の伝承は，対談の中で指摘されたマイネルの「運動伝承の〈墓場論〉」で警鐘されているように，そのままでは伝承は途絶えてしまう危機に晒されており，それに抗するためにも，身体知の伝承が，言語による理論化，現象学の用語によれば，身体知の客観的な「相互主観的」伝達（伝承）の理論が必要とされているといわれなければならないのです。

　この先生との対談が行われるきっかけになったのは，同じく，2017年の6月に開催された「第16回運動伝承学会総会」でした。この総会での私の講演は「運動感覚（キネステーゼ）をめぐる現象学の考察」と題した講演でしたが，この講演の前に，メキシコシティー，ミュンヘンのオリンピックで個人総合優勝二連覇を達成した加藤澤男先生のご講演「私のキネステーゼ感覚世界」が行われました。先生による競技中や練習時の身体運動にさいしての，通常では到底，予想もできないキネステーゼの感覚世界の現実の描写は，現象学による時間意識の分析や受動的綜合の規則性である「連合と触発」の発生的分析などが，はたしてどこまで通用するのか，試金石の役割を果たすだけでなく，それら理論の修正をも迫る表現力を担っておりました。ここに，スポーツ運動学の中心課題である身体運動をめぐる，相互に創発し合う現象学との共創的共同研究の領野が垣間見られることになったのです。

　この総会の後の金子先生と加藤先生との懇談をとおして，体操競技に限らず，多くのスポーツ競技において「わざの伝承」が問われる中，豊かに形成される身体知の蓄積とそれを言葉にしようとする理論知の努力が相互に関わりあうことをとおして，技能の向上と，理論的理解およびその表現能力の向上とが相乗的に絡み合うことのできるスポーツ運動学と現象学との共同研究の可能性が開かれてきました。

　この共同研究の可能性は，スポーツを実践する選手やコーチとスポーツ運動学および現象学の研究者をまじえた対談や鼎談をとおして，お互いにとってそれま

で問われることのなかった問いに向かい，それに答え，どうにか言葉にしようと
することで，それまで気づかれることのなかった「意味づけや価値づけ」を担う
潜在的志向性の隠れた働きに気づくことが起こりえるのです。さらにその気づき
に即して，新たな練習の工夫や明晰な理論的把握の可能性が開かれてきます。そ
れによって，その練習の工夫を理論的検証にもたらそうとする試みが，新たな論
文の作成の動機となり，実践と理論との相互の積極的かかわりがいつも新たに実
現されることになるのです。

　このような共同研究の場を確定し，確保していく試みとして，運動伝承研究会
専門誌『伝承』の責任編集者でもある金子一秀先生との共同編集による『スポー
ツ運動学・現象学講座』が立ち上がる運びとなりました。この「講座」と名づけ
られる大きな枠組みの中で，対談や鼎談という生き生きした談話を源泉とする「実
践と理論」の相乗的共同研究の展開が大いに期待されるのです。

　最後になりましたが，本書の出版にあたり，本シリーズの企画の意図を深くご
理解いただき，編集を促進いただいた明和出版の和田義智氏に深く感謝もうしあ
げます。

【編著者略歴】

山口　一郎（やまぐち　いちろう）
東洋大学名誉教授
2006 年 国際間文化哲学会 (GIP) 副会長
1976 年 上智大学文学研究科哲学専攻修士課程修了
1979 年 ミュンヘン大学哲学部哲学科学位 (PhD) 取得
1994 年 ボッフム大学哲学部で哲学教授資格取得
1996~2013 年 東洋大学文学部哲学科専任教員教授
　　主な研究領域は現象学であり，特にフッサール後
　　期に展開される発生的現象学，およびフッサール
　　現象学と仏教哲学を中軸にした間文化哲学である。
【主な著書】
Passive Synthesis und Intersubjektivität bei Edmund
Husserl. Nijhoff Verlag 1982
『他者経験の現象学』(1985) 国文社
『E. フッサール 受動的綜合の分析』(1997) 国文社
Ki als leibhaftige Vernunft. Fink Verlag 1997
『現象学ことはじめ』(2002) 日本評論社
『文化を生きる身体』(2004) 知泉書館
『存在から生成へ』(2005) 知泉書館
『人を生かす倫理』(2008) 知泉書館
『実存と現象学の哲学』(2009) 日本放送出版協会
『感覚の記憶』(2011) 知泉書館
『現象学ことはじめ　改訂版』(2012) 日本評論社
『フッサール間主観性の現象学』(2012, 2013, 2015) ちくま学芸文庫
Genese der Zeit aus dem Du. Welter der Philosophie 18 2018
『直観の経営』(2019) KADOKAWA

金子　一秀（かねこ　かずひで）
東京女子体育大学教授
【主な著書】
『教師のための運動学』(1996) 大修館書店
『スポーツ運動学入門』(2015) 明和出版

【対談者略歴】

金子　明友（かねこ　あきとも）
筑波大学名誉教授（元筑波大学副学長）
元日本女子体育大学学長
国際体操連盟名誉メンバー (1981~)
1952 年 ヘルシンキオリンピック（チーム 5 位）
1954 年 ローマ世界選手権（チーム 2 位）
1960 年 ローマオリンピック・チームリーダー（日本男
　　子チーム初優勝）
1964 年 東京オリンピック大会競技本部長
1968 年，1972 年 メキシコ・ミュンヘンオリンピック大会
　　国際審判員
1972 年 国際体操連盟男子技術委員
1976 年～国際体操連盟男子技術副委員長
　　現役選手引退後，遠藤幸雄，加藤澤男など数多
　　くのオリンピック選手を育てた。日本体操界の
　　頭脳と呼ばれ，その指導力によって体操競技男
　　子オリンピック 5 連覇を果たした。実践理論と
　　して「マイネル運動学」を研究し，現在その理
　　論をさらに深化させている。
【主な著書】
『体操競技のコーチング』(1974) 大修館書店
『マイネル スポーツ運動学』(1981) 大修館書店
教師のための器械運動指導シリーズ (1982~1984)
　　『マット』『跳び箱・平均台』『鉄棒』大修館書店
『マイネル遺稿 動きの感性学』(1998) 大修館書店
『わざの伝承』(2002) 明和出版
『身体知の形成』上・下 (2005) 明和出版
『身体知の構造』(2007) 明和出版
『スポーツ運動学』(2009) 明和出版
『運動感覚の深層』(2015) 明和出版
『わざ伝承の道しるべ』(2018) 明和出版

スポーツ運動学・現象学 講座1

〈わざの狂い〉を超えて
© Kaneko Kazuhide & Yamaguchi Ichirou 2020

初版発行————2020 年 3 月 10 日

編著者————金子一秀（かねこかずひで）/ 山口一郎（やまぐちいちろう）
発行者————和田義智
発行所————株式会社 明和出版
　　　　　　〒 174-0064　東京都板橋区中台 3-27-F709
　　　　　　電話　03-5921-0557　E-mail meiwa@zak.att.ne.jp
　　　　　　振替　00120-3-25221　URL http://home.att.ne.jp/kiwi/meiwa/
印刷・製本————壮光舎印刷株式会社

ISBN978-4-901933-43-8　　　　　　　　　　　Printed in Japan